U0816796

中国林业发展报告

2012

国　家　林　业　局

2012 中国林业发展报告

编辑委员会

主　任　赵树丛

副主任　张建龙

委　员　（以姓氏笔画为序）

马广仁　孔　明　王前进　王剑波　王祝雄
王海忠　刘　拓　刘东生　刘永范　刘金富
孙国吉　汤晓文　闫　振　张　蕾　张希武
张艳红　张鸿文　李世东　杨　冬　杨　超
苏　明　苏春雨　周少舟　周鸿升　孟宪林
封加平　胡章翠　郝燕湘　高玉英　彭有冬
程　红　谭光明　潘世学　戴广翠

编写组

组　长　孙　建　王焕良

副组长　刘建杰　王月华

成　员

谢　晨　刘俊昌　胡明形　李　杰　夏郁芳
柯水发　于百川　姜喜麟　梁　丹　谷振宾
余　涛　王兰会　刘韶辉　杨万利　陈嘉文
王新凯　付健全　张利明　郝学峰　刘跃祥
沈和定　袁卫国　田勇臣　陈瑞国　闫春丽
陆诗雷　吴　今　徐信俭　沈瑾兰　涂先喜
李　权　覃庆锋　陈　昱　张云毅　孙　友
李新华　谢春华　黄一川　吴友苗　冯峻极
欧国平　张志刚　刘文萍　刘宏明　张　旗
刘永红　汪飞跃　彭继平　马　藜　龙三群
王福田

前　言

2011 年，是“十二五”开局之年。在党中央、国务院的正确领导下，经过全体务林人的艰苦努力，林业改革发展取得丰硕成果，实现了“十二五”林业建设的良好开局。

林业地位明显提升。首届亚太经合组织林业部长级会议在北京成功召开，胡锦涛总书记明确指出，“把发展林业作为实现科学发展的重大举措、建设生态文明的首要任务、应对气候变化的战略选择”，并特别强调，森林在推动绿色增长中具有重要功能，对人类生存发展具有不可替代的作用，把林业的战略地位提升到了国家战略和全球战略的高度。

林业改革深入推进。截至 2011 年年底，全国已确权集体林地 17 846.67 万公顷，占集体林地面积的 97.8%，发放林权证超过 1 亿本，发证面积累计达到 15 793.33 万公顷。国有林场改革试点正式启动，颁发了《国有林场改革试点指导意见》和《国有林场管理办法》。

生态建设取得新进展。全年共完成造林 599.66 万公顷，义务植树 25.14 亿株。天然林资源保护、退耕还林、京津风沙源治理、三北及长江防护林体系建设等国家林业重点工程完成造林 309.39 万公顷。《全国造林绿化规划纲要(2011~2020 年)》、《全国林业有害生物防治建设规划（2011~2020 年)》批复实施，总投资 2 440 亿元的天然林资源保护二期工程顺利启动。

林业产业强劲增长。2011 年，全国林业产业总产值首次突破

3 万亿元，同比增长 34.32%。人造板产量 2.09 亿立方米，木竹地板产量 6.29 亿平方米，干鲜果品、木本油料、木本药材等特色经济林产品产量 1.34 亿吨，居世界首位。全国主要林产品进出口贸易额达到 1 203 亿美元，同比增长 28.25%。世界林产品生产贸易大国地位进一步巩固。

生态文化深入传播。全年中央和地方主要媒体刊播林业新闻报道 1 万多条（次），组织开展重大主题宣传活动 20 多项，生态文化传播形式更加多样。国家生态文明教育基地创建活动深入开展。55 个城市创建国家森林城市，全年投入城市森林建设资金 774 亿元，完成植树造林 1 665 万亩。

林业支撑保障能力不断提升。公共财政支持林业的长效机制初步建立。中央财政对种苗、造林、森林抚育、森林保险等的补贴政策进一步完善。全年林业投资完成 2 633 亿元，创历史最高水平。森林资源管理和监督、林业科技教育、林木种苗、森林防火、野生动物疫源疫病监测防控及有害生物防治等各项林业基础工作进一步强化。

当前，我国林业正处在转型升级的新阶段和加快发展的战略机遇期。林业的战略地位显著提升，林业的发展空间极大拓展，林业的发展条件全面优化，林业的国际共识空前深化，林业的建设任务异常艰巨。特别是在科学发展成为我国经济社会发展的主题、建设生态文明成为中国特色社会主义现代化建设重要布局、建设生态良好国家成为全面建设小康社会重要目标的新形势下，林业为科学发展提供生态屏障、为建设生态文明完成首要任务、为建设生态良好国家发挥主体作用的责任十分重大而紧迫。

2012 年，是实施“十二五”规划承上启下的重要一年，党的十八大将胜利召开，林业发展面临着新的机遇。我们一定要抓住机遇，振奋精神，认真落实胡锦涛总书记提出的“为祖国山河披上美丽绿装，为科学发展提供生态屏障”重要指示精神，高举生态林业和民生林业两面大旗，不断创新林业体制机制和政策措施，不断创新林业工作平台和发展载体，全面开创现代林业发展新局面，为改善生态、改善民生做出更大贡献，为服务国家战略大局发挥更大作用。

2012 年 9 月

目 录

A P1-18

摘 要

摘　要

2011年是全面实施“十二五”规划的第一年，我国成功召开了首届亚太经合组织林业部长级会议，颁布了全国林业发展“十二五”规划，林业改革深入推进，造林绿化蓬勃开展，林业产业快速发展，生态文化日益繁荣，各项林业政策深入实施，林业支撑保障能力明显提升，国际合作交流不断深化，林产品市场供需基本平衡，林业发展态势整体运行良好。

1. 造林绿化稳步推进，森林经营全面加强

2011年，在林业“双增”目标的推动下，我国造林绿化工作稳步推进。印发了《全国造林绿化规划纲要》，全国共完成荒山荒地造林面积599.66万公顷，比2010年增长1.47%，完成计划任务的99.94%。其中，人工造林406.57万公顷，飞播造林19.69万公顷，无林地和疏林地新封山育林173.40万公顷。2011年是开展全民义务植树30周年，全国共有6.14亿人次参加义务植树，植树25.14亿株。截至2011年年底，全国参加义务植树人数累计达133亿人次，义务植树614亿株。2011年，森林经营全面开展，抚育补贴大幅增加。完成森林抚育和低产低效林改造800.2万公顷；中央财政森林抚育补贴试点规模大幅增加，由2010年的29个省（自治区、直辖市）和森工集团扩大到34个，补贴资金和任务由2010年的20亿元、2 000万亩（1亩＝1/15公顷，下同）增加到2011年51.3亿元、4 604万亩。组织人员对2010年度141个试点单位、458个抚育作业小班、28.53万亩抚育面积进行了实地检查。检查结果表明，2010年抚育补贴各项政策得到较好落实，抚育面积核实率和合格率分别达到99.5%和96.6%，继续保持较高水平。

2. 防沙治沙取得重要突破，生物多样性保护成效明显

2011年，全国防沙治沙规划取得积极进展，省级政府防沙治沙目标责任得到有效落实，京津风沙源治理和石漠化治理在工程规划思路和工程范围上取得重要突破，全年共完成沙化土地治理面积153万公顷。2011年，全国湿地保护工作全面推进，新增国际重要湿地4处，新建国家湿地公园（试点）68处，正式授牌国家湿地公园12处。2011年，通过加强自然保护区建设和管理，加大野生动植物保护力度，我国珍贵濒危野生动物种群继续保持稳中有升、栖息地生境继续好转的良好态势，大熊猫、朱鹮、金丝猴、长臂猿、兰科植物等30多种（类）濒危野生动植物得到有效保护，开展了近20种野生动物的栖息地恢复试点项目，实施了近30种珍稀濒危野生动物的繁育项目。

3. 林业重点工程深入实施，在生态建设中继续发挥主导作用

2011年，国家林业重点工程共完成造林309.39万公顷，占全部造林面积的51.59%。其中，天然林资源保护工程、退耕还林工程（不含京津风沙源治理工程）、京津风沙源治理工程和三北及长江流域等重点防护林体系工程分别为55.36万公顷、73.02万公顷、54.52万公顷和126.40万公顷，占全部造林面积的比重分别为9.23%、12.18%、9.09%和21.08%；其他社会造林占全部造林面积的48.41%。截至2011年年底，林业系统自然保护区已达2 126处，总面积1.23亿公顷，占全国国土总面积的12.78%。其中，国家级自然保护区263处，面积7 629.07万公顷，与2010年相比，自然保护区数量增加了91处。2011年，中央财政安排湿地保护补助资金2亿元，开展了69个林业湿地保护补助项目建设。全国共完成湿地保护工程项目42个，新增湿地保护面积33万公顷，恢复湿地2.3万公顷。2011年，国家进一步加大了石漠化综合治理力度，石漠化综合治理重点县由100个扩大到200个。2011年下达投资16亿元，下达林业建设任务31.73万公顷，其中人工造林24.05万公顷，封山育林7.68万公顷。

4．林业产业蓬勃发展，产值、产量增长迅速

2011年，林业产业持续快速增长。全年实现林业产业总产值30 597亿元（按现价计算），比2010年增加7 818亿元，增长

34.32%。其中第一、二、三产业分别增长24.29%、40.51%和42.12%。林业三次产业的产值结构由2010年的39.05 ：52.14 ：8.81调整为36.14 ：54.54 ：9.32。分地区看，东部10省林业产业总产值比重较大，占全部林业产业总产值的50.81%；中部6省林业产业总产值为6 009.91亿元。东部省份增长最快，与其他地区的差距进一步拉大。林业产业总产值超过2 000亿元的省份共有5个，分别为广东、山东、浙江、福建和江苏。

2011年，木材产量保持稳定，达到8 145.92万立方米，与2010年产量基本持平。锯材产量持续增长，产量为4 460.25万立方米，比2010年增长19.81%。人造板产量快速增长，产量达到20 919.29万立方米，比2010年增长36.19%。其中，胶合板产量9 869.63万立方米，同比增长38.24%；纤维板产量5 562.12万立方米，同比增长27.73%；刨花板产量2 559.39万立方米，同比增长102.45%；其他人造板产量2 928.15万立方米（细木工板占69.47%），同比增长12.52%。木竹地板产量快速增长，达到6.29亿平方米，同比增长31.29%。其中，实木木地板1.22亿平方米，占全部木竹地板产量的19.44%；复合地板3.57亿平方米，占全部木竹地板的56.70%；其他木地板1.03亿平方米，占全部木地板产量的16.40%；竹地板0.47亿平方米，占全部木地板产量的7.46%。2011，全国木制家具总产量2.48亿件。木浆产量823万吨，比2010年增长16.24%。

2011年，新造经济林面积121.83万公顷，比2010年增长9.67%。各类经济林产品总量达到1.34亿吨。竹材产量为15.39亿根，比2010年增长7.64%。年末实有花卉种植面积86.22万公顷；切花切叶142亿支；盆栽植物29亿盆；观赏苗木121亿株；草坪4.08亿平方米。

2011年，全国森林公园共接待游客4.68亿人次，森林公园直接旅游收入达376.42亿元。全国森林公园年提供就业岗位64万个，社会综合旅游收入测算超过3 000亿元。

5．生态文化体系进一步完善，生态文化意识日益增强

生态文化基础设施建设规模扩大 2011年，生态文化场馆、生态文化休憩场所、生态文化教育示范基地的建设步伐明显加快。全国共新建生态文化基地380处，其中新建生态文化场馆97处、新建生态文化休憩场所216处、新建各类生态文化（生态文明）教育示范基地67处。国内首家以花卉为主题的专题图书馆——昆明图书馆·斗南花卉分馆开馆，杨善洲纪念馆在云南开工建设。甘肃省天水市麦积区在城区建起的景观生态长廊，成为当地市民健身娱乐、休闲观光的好去处。国家林业局、教育部、共青团中央、中国生态文化协会授予善洲林场、复旦大学、江西环境工程职业学院、河南新乡市凤凰山森林公园、辽宁仙人洞国家级自然保护区等11家单位“国家生态文明教育基地”称号，使国家生态文明教育基地达到41家。

生态文化产品创作成果丰富 2011年，报告文学、诗歌、散文、小说、文艺评论、摄影、影视、音乐、美术等各种体裁的生态文艺优秀作品层出不穷，以国际森林年征文大赛、生态美文评选为代表的生态文艺创作活动空前活跃。报告文学《青青的油茶树》，诗歌《春天的柳》，散文《遥远的村庄》，文艺评论《感悟自然 沉思生态》，歌曲《我们是中国林业人》，图片《冬日向海》，歌词《梦里水乡》、《林业工人之歌》，电影文学剧本《梦萦张家界》成为年度生态文艺创作精品。电影《杨善洲》制作完成并在全国院线上映，获得第十四届中国电影华表奖“优秀故事片”和“优秀男演员”两项大奖。

生态文化传播渠道拓宽 2011年，各大综合网站以多种形式积极倡导生态文明理念，成为传播生态文化的主阵地。中国政府网、新华网、人民网、中国新闻网等大型网站，根据自身特点，广泛开展主题鲜明、内容丰富的宣传活动。新浪、搜狐、腾讯、百度等门户网站，针对受众需要，在及时编发各种生态资讯和生态知识的同时，通过增加链接转载纸质媒体重要文章的方式，增强了生态文化传播的深度。《中国绿色时报》、《中国林业》、《生态文化》、《森林与人类》

等中央林业报纸杂志，围绕构建繁荣的生态文化体系，适应信息传播方式发展变化的新形势，增强生态文化传播的有效性。特色鲜明的各种展览、展会、论坛，内容更为丰富，形式更为多样，为推动生态文化建设发挥了十分重要的促进作用。

生态文化队伍建设成效显现 以加强理论研究机构、强化理论人才培养为重点的生态文化理论研究队伍建设取得新的成效。福建农林大学海峡两岸现代林业研究中心揭牌成立，集合两岸专家围绕现代林业发展的重大核心问题开展科技攻关，为海峡两岸现代林业发展提供有力的智力保障和科技支撑。北京林业大学在江西环境工程职业学院设立专业硕士教学点，面向南方重点林区培养高层次林业专业技术人才。各级各地林业宣传文化部门，进一步加大生态文化建设管理人才的培养力度，通过加强培训、交流使用等多种途径，提升生态文化建设管理人员的工作能力和业务素质。

6．林业改革稳步推进，林业政策取得新进展

2011 年，集体林权制度改革稳步推进。全国已确权集体林地 17 846.67 万公顷，占集体林地面积的 97.8%，基本完成明晰产权的改革任务。全国已发放林权证超过 1 亿本，发证面积累计达 15 793.33 万公顷，占纳入林改总面积的 86.65%，发证户数 8 784 万户。24 个省（自治区、直辖市）建立了地方森林生态效益补偿基金制度。27 个省（自治区、直辖市）开展了林权抵押贷款工作，贷款金额达 529.9 亿元。20 个省（自治区、直辖市）开展了森林保险，投保面积 5 146.67 万公顷，保费 7.92 亿元。确定了 200 个农民林业专业合作社示范县，林业专业合作组织 9.78 万个。27 个省（自治区、直辖市）成立县级及以上的林权交易服务机构（包括综合服务中心设立的交易机构）1 065 个。全国林下经济产值达 2 081.61 亿元，参与农户 5 770.45 万户。

2011 年，林业政策在许多方面有新的突破：

一是在生态建设方面，国家发改委、国家林业局将人工造乔木林种苗造林补助费标准从2009年的3 000元/公顷提高到4 500元/公顷。国家对巩固退耕还林成果专项规划进行了适当调整。国家林业局出台了《退耕还林工程退耕地还林阶段验收办法》，进一步明确和完善了试行办法中的有关内容；下发了《国家林业局关于进一步加强林业系统自然保护区管理工作的通知》，就贯彻落实国务院办公厅《关于做好自然保护区管理有关工作的通知》精神提出了5条意见；出台了《国家重点林木良种基地管理办法》，明确了各级管理机构的职责和国家重点林木良种基地的任务，规范了国家重点林木良种基地申请与确定程序。

二是在林地林权管理方面，国家林业局出台了《占用征收林地定额管理办法》，明确了占用征收林地定额实行5年总额控制，允许年度间调剂使用等。占用征收林地定额管理实现了占用征收林地行政许可由无数量限制向有数量限制的转变，林地供给模式由需求主导型向供给引导需求型的转变；出台了《商品林采伐限额结转管理办法》，规范了商品林采伐限额结转管理。

三是在林业产业发展方面，国家林业局、国家旅游局联合印发了《关于加快发展森林旅游的意见》，提出了加快发展森林旅游的政策及保障措施。财政部下发了《关于整合和统筹资金支持木本油料产业发展的意见》，决定从2011年起整合和统筹现代农业生产发展等十项涉农资金扶持油茶等木本油料产业发展。继2010年中央一号文件，2011年中央一号文件再次明确提出支持发展森林旅游；国家林业局先后与海南省人民政府签署《加快推进海南森林生态旅游建设战略合作协议》，与国家旅游局签署《关于推进森林旅游发展的合作框架协议》，决定把发展森林旅游上升为国家战略在“十二五”期间乃至今后更长时期内合力推进，并与国家旅游局共同成立了“全国森林旅游工作领导小组”及其办公室，首次联合召开了全国森林旅游工作会议。

四是在林业财政金融方面，财政部、国家林业局联合出台了《中央财政湿地保护补助资金管理暂行办法》，明确了资金补助对象和支出范围；中央财政继续开展林木良种补贴试点工作，对国家重点林木良种基地建设和林木良种苗木培育给予补贴，油茶、核桃、油橄榄等油料树种每株良种苗木补贴 0.5 元，其他良种苗木平均每株补贴 0.2 元；造林、森林保险保费、森林抚育及湿地保护补助试点范围扩大，木本油料经济林中央财政补贴标准由每亩 160 元提高到 200 元。调整完善了资源综合利用产品增值税政策，利用原料中比重不低于 80% 的油茶壳、三剩物、次小薪材资源发酵产生的沼气以及电力等产品实行增值税 100% 即征即退政策，对以三剩物、次小薪材和农作物秸秆等 3 类农林剩余物为原料生产的木纤维板等实行增值税 80% 即征即退的政策。财政部、国家税务总局印发《关于天然林保护工程（二期）实施企业和单位房产税、城镇土地使用税政策的通知》，明确 2011 ～ 2020 年国家对用于天然林资源保护工程的房产、土地，以及实施天然林资源保护工程闲置一年以上不用的房产和土地，免征房产税、城镇土地使用税。

7．林业立法工作进一步推进，执法及监督能力明显加强

2011 年，继续稳步推进《森林法》修改和《湿地保护条例》立法工作，以国家林业局第 27、28 号令发布实施了《国家级森林公园管理办法》、《大熊猫国内借展管理规定》，审查修改了《集体林权制度改革档案管理办法》、《野生动植物进出口证书核发管理办法》、《国家林业局委托实施野生动植物行政许可办法》、《陆生野生动物疫源疫病监测办法》、《林地和林木权属登记办法》，完成了部门规章清理工作，以国家林业局第 26 号令发布了《国家林业局关于废止和修改部分部门规章的决定》，明确了废止的部门规章、修改部分条款的部门规章及修改内容，2011 年第 6 号国家林业局公告公布了现行有效规章目录，初步完成了国家林业局规范性文件清理审查工作。全国共发生林业行政案件 28.67 万起，与 2010 年相比，案件发生总量减少 1.78 万起，案件查处率提高 1.15 个百分点，为历年最高。

全国森林公安共立刑事案件2.6万起，抓获违法犯罪人员2.6万人，收缴林木14.4万立方米、林地8.2万公顷、野生动物7.7万头（只），涉案金额达27亿元。开展了“亮剑行动”、“清网行动”等执法专项打击行动，取得重大战果。办理国家林业局行政许可事项189 338件，办理行政复议案件20起，有效化解了多起行政争议。配合全国人大常委会完成了农村土地承包法执法检查工作。

8．林业资金投入大幅增加，公共财政支持林业的长效机制初步建立

2011年，全国林业建设资金来源合计2 744.48亿元。其中，国家预算资金投入1 302.15亿元，与2010年相比增长37.80%，占当年资金来源的47.45%；国内贷款为274.18亿元，增长55.56%，占全年林业建设资金来源的9.99%；发行债券筹集到资金0.97亿元，占全年林业建设资金来源的0.04%；自筹资金737.42亿元，增长187.08%，占全年林业建设资金来源的26.87%；其他来源资金为344.33亿元，增长24.10%，占全年林业建设资金来源的12.55%。

2011年，林业投资实际完成2 632.61亿元，其中国家投资占全部林业投资完成额的42.03%。分地区看，东部、中部、西部和东北地区林业投资完成额（不含国家林业局直属单位）占全部林业投资完成额的比重依次为25.54%、15.20%、43.13%和15.59%。按建设内容分，用于生态建设与保护的投资为占全部林业投资完成额的49.48%；用于林木种苗、森林防火、有害生物防治等林业支撑与保障的投资占11.42%，用于林业产业发展的投资占19.84%。

9．林地征占用管理更加严格，森林资源监督得到强化

2011年，林地征占用管理进一步加强。开展了林地使用情况检查，组织15个派驻森林资源监督机构，对2010年国家林业局审核、批准的202项建设项目进行了监督检查。组织对全国29个省（自治区、直辖市）、新疆生产建设兵团、四大林业（森工）集团的120个县级单位占用征收林地情况进行了检查。2011年，各派驻森林资源监督机构共督查督办各类林业行政案件350余起，强化了森林资源监督。开展了重点国有林区森工企业局伐区调查设计和作业质量核查工作核查工作，对87个林业局的1 787个小班进行了伐区调查设计和作业质量核查，对26个省（自治区、直辖市）的40个县级单位2010年度森林采伐限额执行情况进行了检查，对内蒙古金河、黑龙江绥棱等9个国有森工企业局“三总量”执行情况进行了检查。

10．林业种苗生产有序推进，森林防火成效明显

2011年，全年共采收林木种子3 138万千克，全年共生产良种357万千克，其中：种子园产量55万千克，母树林产种量302万千克；采穗圃生产穗条15.2亿条（根）、良种繁殖圃生产穗条7.3亿条（根）。全年共完成育苗面积84.9万公顷，其中新育苗面积24.9万公顷。国有、乡村集体和个体育苗面积分别占育苗总面积的14.63%、5.02%和80.35%。全年生产造林合格苗木190.2亿株，其中，31%来自国有单位，6%来自乡村集体，63%来自个体。

2011年，全国共发生森林火灾5 550起，其中一般火灾2 993起，较大火灾2 548起，重大火灾9起，未发生特大火灾。与2010年相比，森林火灾次数下降28.14%，其中一般火灾、较大火灾和重大火灾次数分别下降37.58%、12.20%和59.09%。2011年，全国森林火灾受害森林面积26 950公顷，比2010年下降41.16%，因森林火灾伤亡91人，比2010年下降15.74%。全国扑救森林火灾共出动89.2万个人工日、车辆7.7万辆（台）次、飞机1 810架次，投入扑救森林火灾经费1.35亿元。

11．林业有害生物防治效果显著，野生动物疫源疫病监测防控能力提高

2011年，全国主要林业有害生物发生面积为1 168万公顷，与2010年发生面积基本持平，其中：虫害发生846万公顷，病害发生120万公顷，鼠（兔）害发生202万公顷。另外，有害植物发生16万公顷。全年主要林业有害生物成灾率控制在5.1‰以下，无公害防治率达到82%以上，测报准确率达到84%以上，种苗产地检疫率达到96%以上。批复林业有害生物防治基础设施建设项目44个，总投资4.45亿元，其中中央基建投资2.92亿元；下达中央基础设施建设项目投资3亿元、林业有害生物防治补助费2亿元、国家级中心测报点监测补助资金2 000万元。

2011年，全国野生动物疫情防控工作成效明显。积极开展日常监测和疫情隐患排查，全国实现野鸟禽流感等突发重大野生动物疫情零发生；野生动物疫源疫病监测信息网络直报系统建成并在全国范围内正式运行；启动了边境联防联控试点工作；开展了野生动物疫源疫病主动监测预警试点工作；初步建成了以2处野生动物疫病研究中心为主体的国家级科技支撑平台。

12．林业科技成果丰富，林业教育迈上新台阶

2011年，59项林业公益性行业专项项目通过验收，认定成果46项；81项948项目通过验收，认定成果57项；18项局重点项目通过验收，认定成果10项。登记林业科技成果318项，其中：软科学类3项，基础理论类13项，应用技术类302项。继续开展“百县千村万户林业科技示范行动”，重点推广了木本粮油新品种等相关生产实用技术336项。组织开展了困难立地造林及植被恢复技术创新等6类技术研究，培育抗逆优良植物种质152种，建立了95项森林经营技术模式、246个试验示范区与试验基地。发布了91项林业行业标准；组织开展林业行业标准计划项目135项、木制品等国际标准研究6项；完成了森林消防和林业有害生物防治2个技术委员会的筹建工作。

2011年，林业教育成果显著，增加了生态学、风景园林学2个涉林一级学科，拓展了高层次林业人才培养选拔和林业科学研究的空间；部分普通高等林业院校获得面向全国单独招生的资格，一批高等林业职业院校获得了在本省（自治区）单独招生的资格。发布了《关于加快发展面向农村的职业教育的意见》，进一步推进了高中等林业职业院校和涉林专业建设；继续实行中等职业学校城乡家庭经济困难学生和涉农（林）专业学生免学费政策。

13．林业工作站建设投入增加，国有林场扶持力度加大

2011 年，全国林业工作站完成基本建设投资 69 470 万元，比 2010 年增长 33.74%。其中，国家投资 12 237 万元，地方配套 57 233 万元。全国 165 个县（市、区）开展了林业重点工程区重点县林业工作站建设工作，为 1 960 个乡镇林业工作站配备了必要的设施设备。在全国选取 93 个乡镇林业工作站开展了标准化林业工作站建设试点工作。建立科技示范基地 101 万公顷，推广面积 182 万公顷，建立站办林场 1 155 个。

2011 年，各级政府投入国有林场资金 103.8 亿元。其中：机构运行支出 22.6 亿元；财政专项资金 49.6 亿元，包括天然林资源保护工程 7.2 亿元，森林生态效益补偿基金 15.3 亿元，森林培育 8.6 亿元，石油价格补贴 6.4 亿元，贫困国有林场扶贫资金 2.9 亿元。在全国 28 个省（自治区、直辖市）开展了 752 个扶贫项目，维修、改造危旧房面积 17 万平方米，维修和新建林区道路 1 263.6 千米，打机井 144 眼，建蓄水池 68 个，铺设输水管道 284.5 千米，新建和改造输电线路 223.7 千米。

14．林业信息化建设进一步强化，信息化水平得到提升

2011 年，林业信息化建设科学谋划，系统部署，成果丰富。召开了第二届全国林业信息化工作会议，举办了第二届全国林业信息化高峰论坛和第二届全国林业信息化成果展。整合了省级林业门户网站，建设上线森林公园、自然保护区等林业实体单位专门网站，启动了国家物联网试点示范、林业云计算等项目。国家林业局在实现无纸化办公的基础上，正式启用移动办公系统。优化国家林业局办公网功能与栏目设置，完成办文、办会、办事 5 万多件。加强中国林业网（国家林业局政府网、国家生态网）应用服务，推进了地方机构队伍建设，截至 2011 年年底，有 24 个省（自治区、直辖市）

拥有独立林业信息化机构。研究制定了全国林业信息化发展水平评测指标体系，并将其作为一项重要指标纳入现代林业发展水平考核范畴。

15．区域林业发展不均衡特征明显，区域统筹力度持续加强

我国幅员辽阔，各区域的自然历史条件差异较大，资源禀赋和经济、社会发展不均衡，林业发展呈现出明显的区域性和差异性特征。

东部地区 区内森林覆盖率35.68%，生态总体良好为东部地区的经济快速发展奠定了坚实的基础。林业经济实力雄厚，林业产业持续高速发展，区内林业产业总产值为15 545.50亿元，比2010年增长40.20%，占全国林业产业总产值的50.81%。单位森林面积实现林业产业产值47 847.75元/公顷，是全国平均水平的3.06倍。林业三次产业结构比由2010年的29.7 ∶ 65.8 ∶ 4.5调整为26.5 ∶ 68.5 ∶ 5.0，第一产业比例继续下降，第二、第三产业实力进一步增强，林业产业结构持续升级。区内林业产业体系完整，林业产业发达，在全国具有举足轻重的地位。

中部地区 生态建设力度持续加大，非公有经济造林比重较高。全年非公有经济完成造林90.59万公顷，占全部造林总面积的67.37%。主要灾害在这一地区表现活跃，森林火灾发生偏重，森林火灾发生率为0.72次/万公顷，是全国平均火灾发生率的近2.5倍，生态建设成果巩固任务较为繁重。林业产出水平整体较强且颇具发展潜力，单位森林面积实现林业产业产值17 581.12元/公顷，是全国平均水平的1.12倍。区内林业旅游与休闲产业发展迅猛，实现旅游收入642.52亿元，比2010年增长45.11%。木本油料产品产量占全国总产量的70%，木本油料种植成为这一区域的特色和优势。

西部地区 西部地区一直是我国林业重点生态工程建设的主战场和林业投资的重点区域，全国四成以上的投资放在西部地区。2011年，区内完成林业投资1 135.31亿元，占全国总投资额的43.12%，其中国家投资占41.22%；完成固定资产投资627.20亿元，占全国的68.37%，但单位投资额仍为各区最低，单位造林面积投资额为5 700.93元/公顷，仅为全国平均水平的51.52%。区内造林面积为324.57万公顷，占全国造林总面积的54.13%。单位森林面积实现林业产值4 941.29元/公顷，仅为全国平均水平的31.56%，为各区域最低。该区的林产调料产品、木本药材、林产工业原料分别占全国的64.63%、48.89%和57.10%，林副产品生产颇具特色和竞争力。

东北地区 森林资源丰富，森林覆盖率为40.22%，为四大区域中最高的。区内非公有制林业经济和重点工程造林活跃，非公有经济造林26.32万公顷，占总造林面积的64.67%；重点工程造林27.50万公顷，占该区总造林面积的67.57%。森林火灾发生率为0.05次/万公顷，火灾受害率0.01‰，均为各区域最低，森林火灾的预防和控制成效显著。单位森林面积实现林业产业产值10 295.20元/公顷，仅为全国平均水平的65.77%，林业产出能力仍有较大提升空间。该区森林食品干重占全国总产量的38.53%，是我国森林食品的主产区。该区是我国林业公共财政投资的重点领域，该区单位林地面积投资额为1 109.27元/公顷，是全国平均水平的1.29倍。区内林业系统在岗职工人数约占全国的四成，职工收入水平较低但持续提高。

16．国际合作成果丰富，国际交流范围拓宽

2011年，共争取到澳大利亚、日本、全球环境基金无偿援助项目6个，总金额3 030万美元；对外援助培训项目12个，项目金额共计400万美元。先后签署了《中华人民共和国政府和日本国政府关于打击木材非法采伐及相关贸易支持森林可持续经营的合作备忘录》等5个政府和部门间双边协议，对外签署的双边协议达到76个；续签了《中美自然保护议定书》、《中美林业合作协议》、《中美共建中国园协议》；召开了6个双边工作组会议，确定了近100个合作项目与活动。防治荒漠化、野生动植物保护、湿地保护等国际合作有序推进，中日民间绿化合作“小渊基金”项目、亚太森林恢复和可持续管理网络建设取得积极进展。在履行《濒危野生动植物种国际贸易公约》(CITES)、《联合国防治荒漠化公约》(UNCCD)、《湿地公约》(RAMSAR)、《联合国气候变化框架公约》(UNFCCC)等公约活动中，我国政府积极派团参加会议，讨论相关议题，阐述我国政府立场，提高了国际影响力，促进了会员国之间的合作与交流。

17. 林产品总供求快速增长，但国内供给增幅远小于进口增幅，国内需求增速远大于出口增速

2011 年，全国木材产品市场总供给为 50 003.99 万立方米，比 2010 年增长 15.78%，其中：进口原木及其他木质林产品折合木材 22 375.12 万立方米，国内商品材产量为 8 145.92 万立方米，木质刨花板和纤维板折合木材（扣除与薪材供给的重复计算）13 545.97 万立方米，农民自用材和烧柴产量为 4 036.97 万立方米，由于超限额采伐、上年库存等形式形成的木材供给约为 1 900 万立方米。全国木材产品消耗总量为 49 991.91 万立方米，比 2010 年增长 15.78%。其中：工业与建筑用材消耗量为 38 907.77 万立方米，农民自用材（扣除农民建房用材）和烧柴消耗量为 2 951.85 万立方米，出口原木及其他木质林产品折合木材 8 580.00 万立方米。

林产品对外贸易额为 1 203.33 亿美元，比 2010 年增加 28.25%。其中出口 550.34 亿美元，比 2010 年增长 18.82%，占全国商品出口额的 2.90%；进口 652.99 亿美元，比 2010 年增长 37.45%，占全国商品进口额的 3.75%。

木质林产品进出口中，原木出口 1.44 万立方米，原木进口 4 232.58 万立方米，比 2010 年增长 23.23%。锯材（不包括特形材）出口 54.42 万立方米，比 2010 年增长 0.89%；锯材进口 2 160.67 万立方米，比 2010 年增长 45.87%。胶合板、纤维板和刨花板的出口量分别为 957.25 万立方米、329.10 万立方米和 8.68 万立方米，与 2010 年比，胶合板、纤维板出口量分别增长 26.84% 和 28.08%，刨花板出口量下降 47.55%；胶合板、纤维板和刨花板的进口量分别为 18.84 万立方米、30.62 万立方米和 54.70 万立方米，与 2010 年相比，胶合板和纤维板的进口量分别下降11.84%和23.47%，刨花板的进口量增长1.41%。木家具出口171.19亿美元、进口5.46亿美元，比2010年分别增长5.95%和40.84%；木浆进口1 435.46万吨，比2010年增长27.03%；纸和纸制品（按木纤维浆比例折合值）出口599.78万吨，比2010年增长16.28%，进口347.77万吨，比2010年下降1.66%；废纸进口2 727.94万吨，比2010年增长12.02%。

非木质林产品出口144.78亿美元，比2010年增长24.15%，占林产品出口额的26.31%；进口248.95亿美元，比2010年增长46.17%，占林产品进口额的38.12%。

2011年，美国、日本仍为最主要的林产品出口市场，但美国的份额有所下降；进口以美国、加拿大、俄罗斯，以及东南亚市场为主，但俄罗斯的份额继续下降。前5位出口贸易伙伴依次是美国21.73%、日本10.17%、中国香港5.28%、英国4.08%和德国3.16%；前5位进口贸易伙伴分别为美国12.93%、泰国11.34%、印度尼西亚10.85%、马来西亚10.42%和加拿大8.45%。

B

P19-26

“十二五”时期的林业发展

“十二五”时期的林业发展

（一）发展形势

随着国际社会对林业认识的日益深化，以及林业在应对气候变化、经济全球化等方面的影响力不断提高，林业在维护国家利益、提升国家形象中的作用凸显。同时，我国的发展条件和动力正在发生深刻变化，政治、经济、文化、社会、生态文明建设并列构成中国特色社会主义事业“五位一体”的总体布局，坚持协调发展、绿色发展、共享发展，加快实现结构调整、民生改善、生态建设等战略目标，为林业提供了前所未有的发展机遇。

但林业与国民经济和社会发展的总体要求还不适应，各种结构性、深层次矛盾和问题也进一步凸显，特别是短期问题与长期矛盾交织在一起使新时期林业发展面临巨大挑战。生态问题依然是我国经济社会可持续发展最大的障碍之一，生态产品依然是我国最短缺的产品之一，生态差距依然是我国与发达国家的最大差距之一。

“十二五”期间，林业作为生态建设的主体，实现科学发展迫切需要加快林业发展，建设生态文明迫切要求林业加快构筑国土生态安全屏障，保障和改善民生迫切需要发挥林业就业和增收潜力，应对气候变化迫切需要增加森林碳汇、提升减缓气候变化的能力，经济结构战略性调整迫切需要发挥林业维护资源和粮油安全功能，推动文化大发展迫切需要繁荣生态文化。

“十二五”是实现全面建设小康社会奋斗目标承上启下的关键时期，是全面贯彻落实科学发展观、构建社会主义和谐社会的重要时期，也是发展现代林业、建设生态文明、推动科学发展的重要战略机遇期。纵观国际、国内形势，林业发展的机遇与挑战共存，机遇大于挑战，具备了化解不利因素，在新形势下加速前进的经济基础、市场潜力和制度保障。只要战略谋划得当，政策措施有力，就能抓住机遇、趁势而上，把林业建设推向又好又快发展的新阶段。

（二）基本思路

1．指导思想

“十二五”时期林业发展的指导思想是：高举中国特色社会主义伟大旗帜，以邓小平理论和“三个代表”重要思想为指导，深入贯彻落实科学发展观，全面实施以生态建设为主的林业发展战略，以发展现代林业、建设生态文明、推动科学发展为主题，以加快转变林业发展方式、提升林业质量效益为主线，以实现兴林富民为目标，坚持依靠人民群众，坚持依靠科技进步，坚持依靠深化改革，加大生态建设保护力度，加强森林经营，加快培育主导产业，加快繁荣生态文化，更好地完善林业三大体系，更好地凸显林业四大地位，更好地履行林业四大使命，更好地发挥林业五大功能，努力构建现代林业发展的基本框架，奠定生态文明建设的牢固基础，创建科学发展的良好环境，为全面建设小康社会做出新贡献。

2．**基本原则**

坚持把“双增”目标作为林业发展的核心任务 “十二五”是落实胡锦涛总书记重要批示和“双增”目标的关键时期，必须以严格保护林地为前提，坚持依托林业重点工程，加快森林资源培育，全面开展森林抚育经营，提高林地生产水平，加快城乡绿化步伐，切实增强林业发展活力，充分调动广大农民和社会各方造林、育林、护林的积极性，为实现双增目标奠定坚实基础。

坚持把加快转变发展方式作为林业发展的重要途径 “十二五”时期，必须紧紧围绕发展方式转变这条主线，在加快发展中转变方式，在转变方式中加快发展，从数量扩张向数量质量并重转变，更加注重效益，更加注重保护现有森林资源，巩固生态建设成果。林业产业建设在保持发展速度的同时，更加注重产业结构调整和惠农富民。林业发展机制在政府主导的同时，更加注重发挥市场配置资源的基础性作用。林业建设在加大投入的同时，更加注重发挥科技创新的关键作用。

坚持把兴林富民、改善民生作为林业发展的根本出发点和落脚点 “十二五”时期，必须着眼于创造更丰富的生态产品，不断改善我国生态状况；着眼于提供更优质的物质文化产品，满足人民物质精神需要；着眼于吸纳更多的社会就业人数，促进社会和谐稳定；着眼于改善林区民生，使林区人民与全国人民一起实现小康。

坚持把深化改革作为林业发展的强大动力 “十二五”时期，必须继续深化集体林权制度改革，积极创造条件启动国有林场和国有林区改革，形成林业改革全面推进的态势，为新时期林业发展注入新的活力，用体制机制创新为林业发展提供动力，用改革的成果惠及广大人民群众。

坚持把应对气候变化作为林业发展的重要内容 “十二五”时期，必须采取更加有效的措施，提高林业减缓和适应气候变化的能力。积极开展碳汇造林，探索推进林业碳汇交易试点，建设性地参与气候变化林业议题国际谈判。巩固和增强林业在应对气候变化国家战略中的地位和作用，努力构建具有我国林业特色又适应国际规则的全国林业碳汇计量与监测体系。

（三）主要目标

根据经济社会发展的客观要求，为确保实现2020年奋斗目标奠定坚实基础，“十二五”林业发展的目标是：5年完成新造林3 000万公顷、森林抚育经营（含低效林改造）3 500万公顷，全民义务植树120亿株。到2015年，森林覆盖率达到21.66%，森林蓄积量达到143亿立方米以上，森林植被总碳储量力争达到

84亿吨，重点区域生态治理取得显著成效，国土生态安全屏障初步形成，林业产业总产值达到3.5万亿元，特色产业和新兴产业在林业产业中的比重大幅度提高，产业结构和生产力布局更趋合理；生态文化体系初步构成，生态文明观念广泛传播。到2015年林业发展主要指标如下：

◆ 林地保有量达到3.09亿公顷；

◆ 国家级公益林保护面积达到1.13亿公顷；

◆ 新增沙化土地治理面积达到1 000万公顷以上；

◆ 湿地面积达到4 248万公顷，自然湿地保护率达到55%以上；

◆ 林业自然保护区面积占国土面积比例稳定在13%左右，林业系统国家级自然保护区面积达到7 200万公顷以上；

◆ 90%以上的国家重点保护野生动物和80%以上的极小种群野生植物种类得到有效保护；

◆ 义务植树尽责率达到65%，城市建成区绿化覆盖率达到39%，人均公园绿地面积达到11.2平方米，村屯建成区绿化覆盖率达到25%；

◆ 商品材年产量达到1亿立方米左右，人工林商品材供应率达到70%左右；

◆ 主要经济林产品总产量达到2亿吨，产值7 000亿元；

◆ 林业生物质能源占我国可再生能源比例达到2%；

◆ 主要造林树种种子全部实现基地供种，良种使用率达到65%；

◆ 森林火灾受害率稳定控制在1‰以下；

◆ 林业有害生物成灾率控制在4.5‰以下；

◆ 科技进步贡献率达到50%；

◆ 集体林地确权率和林权证发放率均达到90%以上；

◆ 林业生产累计直接提供就业机会100亿个工日；

◆ 森林公园总数达到3 000个，面积达到1 800万公顷，森林旅游累计接待游客18亿人次，产值7 000亿元。

（四）总体布局

综合考虑《全国主体功能区规划》、《中国可持续发展林业战略研究》和《全国林业发展区划》成果，继续按照“西治、东扩、北休、南用”原则优化配置林业生产力布局，充分挖掘林业五大功能，紧密结合现代林业三大体系建设，重点突出“十大生态屏障、十大主导产业、重点生态文化基地”。

1．构筑十大国土生态安全屏障

按照国家推进形成主体功能区的要求，以重点工程为依托，加快在东北森林区、北方风沙区、沿海区、西部高原区、长江、黄河、珠江、中小河流及库区、平原农区、城市区等构筑十大生态屏障，形成维护国土生态安全的保障体系。

东北森林屏障 范围包括长白山、张广才岭、小兴安岭、大兴安岭以及三江平原地区。以天然林保育为重点，加强天然林保护；开展森林抚育和低效林改造，提高森林生态系统整体功能；加强自然保护区和森林公园建设；保护高纬度地区湿地资源，遏制湿地围垦和改造，加强自然湿地保护；加强森林防火，提高预警监测、火情快速处置能力；保护该区域高纬度永久冻土资源。

北方防风固沙屏障 范围包括内蒙古中西部、辽宁西部、吉林西部、河北北部、北京北部、山西、陕西、甘肃西部及东北部、青海北部、新疆和宁夏。以治理风沙危害和水土流失为重点，在保护现有植被和生物多样性、加大防控鼠兔害的基础上，封飞造、乔灌草相结合，因地制宜，开展植树造林、退耕还林等生态修复工作；在条件合适的地区建设沙化土地封禁保护区；加强自然保护区和森林公园建设；实施生态补水，维护湿地生态功能。

沿海防护林屏障 范围包括我国东南沿海地区。以营造沿海防护林为重点，建设以消浪林带、海岸基干林带、纵深防护林为主的综合防护林体系，形成多层次海岸保护带；加强自然保护区和森林公园建设；保护滨海湿地。

西部高原生态屏障 范围包括青藏高原及东南缘和黄土—云贵高原地区。在青藏高原及东南缘地区，以保护修复为重点，全面加强对天然林、原生植被、生物多样性和三江源头高寒湿地及祁连山水源涵养区、甘南重要水源补给区等生态系统的保护，以及川西北沙化治理；在黄土—云贵高原地区，突出水土流失综合治理、退耕还林、退化森林修复和石漠化综合治理，建设以林草植被为主体、布局合理、结构稳定、功能完善的防护林体系。

长江流域生态屏障 范围包括青海、西藏、甘肃、四川、云南、贵州、重庆、陕西、湖北、湖南、河南、安徽、江西、江苏、山东、浙江、福建、上海18个省（自治区、直辖市）。以长江防护林、天然林资源保护、退耕还林和石漠化综合治理等林业重点工程为依托，以突出涵养水源，防治水土流失为主要目的，积极推进植树造林、森林抚育和低效林改造，加快森林生态系统功能恢复的步伐；加强流域内自然保护区、森林公园建设和湿地保护与恢复；突出长江上中游和洞庭湖、鄱阳湖地区和三峡库区、丹江口库区及沿线的治理，重点构筑三峡库区周边和南水北调源头及沿线生态屏障。

黄河流域生态屏障 范围包括青海、四川、甘肃、宁夏、内蒙古、陕西、山西、河南、山东9个省（自治区）。依托天然林资源保护、退耕还林、三北防护林体系建设等林业重点工程，以突出涵养水源、防治水土流失为主要目的，积极推进植树造林、森林抚育经营，加快森林生态系统功能恢复的步伐，加强流域内自然保护区、森林公园建设和湿地保护与恢复。

珠江流域生态屏障 范围包括江西、湖南、云南、贵州、广西和广东6个省（自治区）。依托珠江防护林、天然林资源保护、退耕还林和石漠化综合治理等林业重点工程，加强水源涵养林建设，治理水土流失及石漠化；保护浅海湿地滩涂，修复湿地生态功能；加强自然保护区和森林公园建设，保护珍稀野生动植物资源。

中小河流及库区生态屏障 范围包括流域面积200平方千米以上有防洪任务的中小河流重点河段，以及重要水库。以防护林体系建设、天然林资源保护、退耕还林等林业重点工程为依托，以植树造林、保护和恢复湿地等生物措施积极防治水土流失、涵养水源和净化水质。加强自然保护区和森林公园建设，提高中小河流及库区周边生态系统稳定性。

平原农区生态屏障 在广大平原农区，特别是粮食主产区，大力建设农田防护林，以保障粮食增产和改善农村生产生活环境为目标，将东北平原、黄淮海平原、华北平原等作为重点建设区域，加快建设农田林网，大力开展村屯绿化美化。

城市森林生态屏障 范围包括全国大中小城市和乡镇。以推动身边增绿，加强森林公园建设，使广大城乡居民共享生态建设成果为目标，通过发展城市森林，构建远山、近郊和城区相联结，水网、路网和林网相融合，以森林为主体，城市和乡村一体化的生态系统。

2．培育十大主导产业

依托森林资源优势，以市场需求为导向，通过制定产业政策和相关标准引导扶持和规范产业发展，促进林业产业转型升级，重点培育十大主导产业，在全国建立起一大批布局科学合理、主导优势明显、产业特色突出、市场竞争力强的用材林基地县、油茶县、核桃县、红枣县、板栗县、花卉县、竹子县等林业产业集群，逐步形成能够在农民增收致富和县域经济发展中发挥主导性、支柱性作用的产业。同时，各地要按照区域比较优势，因地制宜地引导发展富有特色的林业产业。

林产工业 在东北内蒙古地区，加强木材加工企业技术改造，提升加工水平；在东部沿海地区，发展壮大以生产家具、地板和木门等高附加值、高科技含量产品的产业集群；在黄河及长江中游地区，培植龙头企业，促进产品升级换代；在南方地区，加快发展外向型林产品加工业；在西南地区，大力发展松香类产品精深加工、天然植物香料等林产化工业，并适度建设一批木（竹）浆造纸和纤维利用项目；在西北地区，适当发展木材加工业。

木材及其他原料林培育 立足于各省（自治区、直辖市）的光热水土优势，大力推动林板、林纸、林油、林电（热）一体化进程，加快建立一批优质、高效的木材生产、林业生物质能源和后备战略资源储备基地。

木本粮油和特色经济林产业 在浙江、安徽、福建、江西、河南、湖北、湖南、广东、广西、重庆、四川、贵州、云南、山西、山东、内蒙古、河北、陕西、新疆、甘肃、西藏等省（自治区、直辖市），大力发展以油茶、核桃、油橄榄、仁用杏为重点的木本油料产业基地；在北京、河北、山西、辽宁、安徽、广西、山东、河南、湖北、陕西、宁夏、新疆等省（自治区、直辖市），发展以板栗、枣、柿子为重点的木本粮食产业基地；在长江中上游地区发展茶叶、花椒、杜仲、厚朴、黄柏为主的特色经济林产业基地。各省（自治区、直辖市）要根据比较优势，大力发展区域特色经济林产业基地。

森林旅游 充分利用林业旅游资源，逐步培育和形成以森林公园为主，自然保护区、湿地公园为辅的森林旅游分布和发展格局。

林下经济 充分利用林地资源，发展具有地方特色的种植业、养殖业、非木质产品采集业。东北、西南等国有林区重点发展以北药和南药为主导的森林中药材、森林食品等产业基地。

竹产业 在华东、华南、华中、西南等竹子主要分布区，重点发展竹笋、竹板、竹胶、竹炭、竹家具、竹纤维、竹浆造纸等竹产业基地。

花卉苗木产业 结合区域优势和发展现状，重点发展花卉苗木的种子（种籽、种苗、种球）繁育基地建设，引导切花切叶、盆花、盆栽观叶植物、盆景、花坛植物、绿化苗木中心产区基地建设。

林业生物产业 大力发展以生物农药、生物肥料、植物生长调节剂等为主的绿色生物产品，以生物基材料、森林中药材、生物制药等为主的生物制造产业基地。

野生动植物繁育利用产业 重点促进资源紧缺型野生动植物繁育扩大，缓解野外种群保护压力，在东北、西北和华北地区，发展毛皮野生动物繁育利用产业基地；在大中型城市等高密度人口区，发展野生动物园；在东北、华中、西南等地区，发展以药用和观赏为主的野生动植物繁育利用产业基地。

沙产业 在干旱沙漠、戈壁和绿洲区，培育具有当地特色的经济林、干鲜果品、花卉苗木、饲料、中药材和沙漠旅游等产业基地；在半干旱沙地区，积极发展工业原料林、生物质能源林、人造板、造纸、饲料、中药材等产业基地；在青藏高原高寒荒漠区，积极发展高原特有的中药材培育、加工、饲料等产业基地；在黄淮海平原和南方湿润沙地区，大力发展木材、木本粮油、果品、饲料、药材、种苗花卉等产业基地。

3. 建设一批重点生态文明、生态文化教育基地

与全国主体功能区规划相衔接，以自然保护区、森林公园、湿地公园、植物园、学校、博物馆等生态景观或教育资源丰富的单位为基础，创建一批重点生态文明、生态文化教育基地。逐步使我国每个地级市建设1个国家级生态文明或生态文化教育基地，每个县有1个地方级生态文明或生态文化教育基地，各个地区的生态文化教育基地要突出地方特色。

专栏1 相关林业名词解释

三大体系 指现代林业建设的三大目标，即构建完善的林业生态体系、发达的林业产业体系、繁荣的生态文化体系。

四大地位 中央林业工作会议指出，在贯彻可持续发展战略中林业具有重要地位，在生态建设中林业具有首要地位，在西部大开发中林业具有基础地位，在应对气候变化中林业具有特殊地位。

四大使命 中央林业工作会议指出，实现科学发展必须把发展林业作为重大举措，建设生态文明必须把发展林业作为首要任务，应对气候变化必须把发展林业作为战略选择，解决“三农”问题必须把发展林业作为重要途径。

五大功能 中央林业工作会议明确赋予林业五大功能，即生态、经济、社会、碳汇和文化功能。

专栏2 林业“十二五”时期发展的主要指标

指 标	2015年	属 性
森林覆盖率（%）	21.66	约束性
森林蓄积量（亿立方米）	143 以上	约束性
新增沙化土地治理面积（万公顷）	1 000 以上	约束性
自然湿地保护率（%）	55 以上	约束性
林业自然保护区面积占国土面积（%）	13	约束性
国家级公益林保护面积（亿公顷）	1.13	约束性
林地保有量（亿公顷）	3.09	预期性
义务植树尽责率（%）	65	预期性
科技进步贡献率（%）	50	预期性
良种使用率（%）	65	预期性
林业产业总产值（万亿元）	3.5	预期性

C

P27-44

生态建设

- 造林绿化
- 防沙治沙
- 湿地保护
- 生物多样性保护
- 林业重点工程

生态建设

2011年是全面实施“十二五”规划的起步之年，是开展全民义务植树运动30周年，也是联合国确定的“国际森林年”。在林业改革和各项政策的有力推动下，全国造林规模扩大、结构变化明显，共完成荒山荒地造林面积599.66万公顷；荒漠生态系统治理取得新进展，全年共完成沙化土地治理面积153万公顷，石漠化治理工程范围扩大到200个县；湿地保护成效显著，新增国际重要湿地4处，新建国家湿地公园（试点）68处，新增湿地保护面积33万多公顷，恢复湿地2.3万公顷；生物多样性资源保护进一步加强，新增林业系统自然保护区91处，实施了大熊猫、朱鹮、金丝猴、长臂猿等30多种濒危野生动物的野外巡护项目，实施了近20种野生动物的栖息地恢复试点项目。

（一）造林绿化

1. 造林绿化稳步推进

2011年，在林业“双增”目标的推动下，我国造林绿化工作稳步推进。印发了《全国造林绿化规划纲要》，全国共完成荒山荒地造林面积599.66万公顷，比2010年增长1.47%。其中，人工造林406.57万公顷，飞播造林19.69万公顷，无林地和疏林地新封山育林173.40万公顷。西部12个省（自治区）（含新疆生产建设兵团）共完成造林面积324.57万公顷，占全部造林面积的54.13%。完成有林地造林面积41.64万公顷；更新造林32.66万公顷；四旁（零星）植树24.58亿株；全国育苗面积、分别比2010年增长16.47%、28.10%和11.45%（图1）。

图1　2002～2011年全国造林面积变化趋势

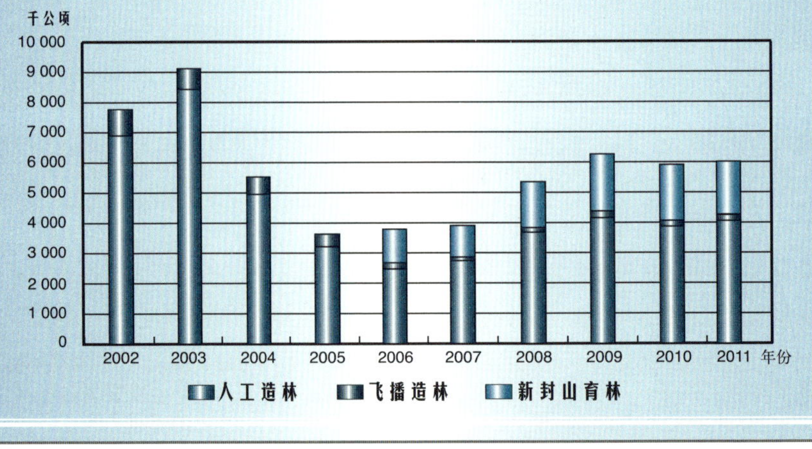

全民义务植树深入开展 以全民义务植树30周年和国际森林年为契机，进一步推动全民义务植树运动。2011年全国共有6.14亿人次参加义务植树，植树25.14亿株。截至2011年年底，全国参加义务植树人数累计达133亿人次，义务植树614亿株。我国的全民义务植树运动已成为世界上参与人数最多、持续时间最长、影响范围最大的生态文明实践活动。

城乡绿化稳步推进 2011年全国城市建成区绿化覆盖面积161.2万公顷，比2011年增长11.8万公顷；城市人均拥有公园绿地面积11.18平方米，比2011年增加0.52平方米。全国城市建成区绿化覆盖率、绿地率分别达到38.62%和34.47%，有183个城市被命名为国家园林城市，31个城市被命名为国家森林城市。

部门绿化不断深入 2011年，各部门（系统）结合实际开展了丰富多样的部门绿化活动。中直机关全年完成山区义务植树13.5万株，新建庭院绿地面积12万多平方米，改建庭院绿地面积10万多平方米，节日摆花25万余盆。中央国家机关义务植树10万株，抚育树木约900万株，新增庭院绿化面积6 000多平方米。交通运输系统全国新增公路绿化里程10.11万千米，累计实现我国公路绿化204.45万千米，占可绿化里程的59.15%。铁道系统全年种植乔木1 178.3万株、灌木2 421.4万株，在全国4.8万千米宜林线路上，已绿化达标3.5万千米。水利系统全年完成湖泊、库区绿化面积3 955公顷，河渠沿岸绿化5 400千米，累计完成湖泊、库区绿化面积10.70万公顷，江河沿岸绿化5.61万千米，实施水土流失综合治理近110万平方千米。农垦系统全年绿化垦区农田林网5.7万公顷，新增垦区道路绿化7 123.2千米、垦区江河沿岸绿化2 285.2千米。全国各级共青团组织全年共组织300多万人次青少年参加植树，自1999年实施保护母亲河行动以来，共青团系统共组织青少年5.1亿多人次参加造林绿化活动。石油部门不断改善矿区生态环境，全年矿区新增各类绿地1 230公顷，矿区绿化覆盖率达33.17%。冶金行业全年新增绿化面积380公顷，矿山企业绿化面积已达2.8万公顷，绿化覆盖率达35%以上。

2. 非公有经济造林快速增长

在集体林权改革及各项林业扶持政策的带动下，2011年我国非公有经济造林呈快速增长趋势，造林面积达304.87万公顷，比2010年增长15.32%，占全国造林面积的比重为50.84%，已占全国造林的半壁江山。

3. 林种、树种结构进一步优化

2011年，造林的林种仍以防护林为主，同时，随着林业产业逐渐壮大，用材林、经济林、速生丰产林造林速度加快。完成防护林造林面积368.89万公顷，占全部造林面积的61.52%；用材林、经济林分别完成101.93万公顷和121.83万公顷，分别比2010年增长25.86%和9.67%；使用速生树种的造林面积92.67万公顷，比2010年增长25.06%。乡土树种造林在总造林面积中继续占绝对优势，乡土树种379.01万公顷，占63.20%。

4. 造林质量良好

全国营造林核查情况良好 2011年，全国营造林综合核查共抽查了除西藏外的30个省（自治区、直辖市）和新疆生产建设兵团、四大林业（森工）集团共计35个省级单位的385个县级单位、1 368个乡级单位、30 112个小班和159个播区，实际抽查面积35.96万公顷。经核查，2010年度全国营造林核实总面积602.37万公顷，核实率为94.3%，与2009年度同比上升0.3个百分点；合格总面积572.57万公顷，合格率为95.1%，与2009年度同比上升5.1个百分点。2010年度全国营造林质量创近10年最好水平。

林业重点工程造林继续发挥主导作用 2010年度全国林业重点工程营造林核实面积达到347.75万公顷，占全国的57.73%，在国土绿化和生态治理中继续发挥着主导作用。重点生态工程封山育林面积比例达到45.7%，较2009年度高出9.1个百分点。西部地区按照宜乔则乔、宜灌则灌原则，注重灌木树种造林，柠条、梭梭等沙区适生灌木树种的造林面积达到全国的7.2%。生态公益林混交林造林比重明显提高，达到39.3%，造林树种单一、纯林多、混交林少的状况有所改善。

经济林特色突出 我国木本粮油林、珍贵用材林、特色经济林等建设取得新进展。2010年度核桃、油茶、板栗等木本粮油树种造林面积比例达到13.9%。珍贵用材林、生物质能源林等基地建设继续得到重视。

非公有造林质量显著提高 营造林机制创新和质量管理取得新突破。随着集体林权制度改革的推进，各地创新机制，大力发展非公有制造林，2010年度全国非公有制造林比例达到69.3%，比2009年度提高2.1个百分点。经核查，2007、2010年度人工造林抚育率达到80%以上，相关年度全国营造林综合成效率达到90.3%。

5. 森林抚育经营力度加大

2011年，全国森林抚育面积持续增长，共完成中幼龄林抚育面积733.45万公顷，比2010年增长10.10%，完成低产低效林改造面积78.88万公顷，比2010年增长18.51%。

加强组织领导，完善森林经营工作制度 印发了《国家林业局森林抚育经营工作领导小组工作制度》，进一步明确了领导小组的主要职责和相关司局、单位的职责分工，建立了联席会议制度。

加大工作力度，森林经营规模继续扩大 2011年共计完成森林抚育和低产低效林改造800.2万公顷。2011年中央财政森林抚育补贴试点规模大幅增加，由2010年的29个省（自治区、直辖市）和森工集团扩大到34个；试点任务量由2 000万亩增加到4 604万亩，安排资金共计51.3亿元。

严格检查验收，确保抚育作业质量 组织人员对2010年度141个试点单位、

458个抚育作业小班、28.53万亩抚育面积进行了实地检查。检查结果表明，2010年抚育补贴各项政策得到较好落实，抚育面积核实率和合格率分别达到99.5%和96.6%，继续保持较高水平。

（二）防沙治沙

2011年，全国防沙治沙规划取得积极进展，省级政府防沙治沙目标责任得到有效落实，京津风沙源治理和石漠化治理工程取得重要突破，各地全面完成了国家下达的计划和任务，全年共完成沙化土地治理面积153万公顷。

编制并批复防沙治沙规划 2011年，我国编制了《全国防沙治沙规划（2011～2020年）》；批复下发了《全国防沙治沙综合示范区建设规划（2011～2020年）》，确定了示范区建设目标，明确了示范建设内容，提出了保障措施。

落实防沙治沙责任考核 制订了《省级政府防沙治沙目标责任期末综合考核工作方案》，召开了防沙治沙目标责任考核工作电视电话会议，全面部署了“十一五”期末考核各项工作，对12个省级政府和新疆生产建设兵团“十一五”防沙治沙目标责任落实情况进行了综合考核。

防治范围重点突出 一是京津工程二期规划治理范围由一期的5个省（自治区、直辖市）75个县（旗）扩大到6个省（自治区、直辖市）138个县（旗）。二是石漠化工程由100个试点县治理阶段转为200个重点县治理阶段。三是工程建设任务林业份额大幅度提高。在农、林、水多部门参与的情况下，各地对林业生态建设的重视程度进一步加强，林业建设份额进一步提高。

（三）湿地保护

湿地保护成效显著 截至2011年年底，国际重要湿地达到41处，其中新增国际重要湿地4处；国家湿地公园（试点）达到213处，其中新建68处，正式授牌国家湿地公园12处。全年新增湿地保护面积33万公顷，恢复湿地2.3万公顷。

立法和制度建设扎实推进 《湿地保护条例》完成了第三次征求部门意见工作，《中央财政湿地保护补助资金管理暂行办法》颁发实施，湿地生态效益补偿研究深入开展。

规划编制取得重要成果 国家林业局会同10个部门参与的《全国湿地保护工程实施规划（2011～2015年）》完成编制工作并开展规划评估。

项目建设有效开展 实施湿地保护项目39个，中央财政湿地保护补助项目69个，建设保护管理站点100多处，监测站点200多处。

调查监测进展顺利 完成了河北等8省和新疆生产建设兵团湿地资源调查任务，完成第二次全国湿地资源调查的省份达到23个，完成了湿地生态系统健康价值功能评价指标。

（四）生物多样性保护

2011年，通过加强自然保护区建设和管理，加大野生动植物保护力度，我国珍贵濒危野生动物种群继续保持稳中有升、栖息地生境继续好转的良好态势。

濒危野生动植物拯救和保护取得新进展 一是强化珍稀濒危野生动植物野外巡护监测，重点实施了大熊猫、朱鹮、金丝猴、长臂猿、兰科植物等30多种濒危野生动植物的野外巡护、救护项目，有效遏制了乱捕滥猎和破坏栖息地现象的发生。二是开展野生动物栖息地恢复项目，重点实施了近20种野生动物的栖息地恢复试点项目。三是巩固珍稀濒危物种繁育成果，组织开展了大熊猫、朱鹮、金丝猴、华南虎优化配对繁育研究，实施了近30种珍稀濒危野生动物的繁育项目。四是推进珍稀濒危野生动物放归自然和野生植物野外回归工作，成功实施了蟒蛇放归自然、黄腹角雉扩大放归自然；杏黄兜兰、华盖木、西畴青冈等珍稀濒危野生植物的野外回归。启动了大熊猫、赛加羚羊放归自然试验准备工作，并按照国务院同意的华南虎拯救工作思路，指导、参与有关华南虎放归自然项目计划，着手接返在南非野化训练的华南虎前期准备。五是及时关注因自然灾害等危及野生动植物安全的突发事件，有效避免了野生动物因灾大量死亡现象。六是完成了《全国极小种群野生植物拯救保护工程规划》的编制工作。

规范和推动野生动物繁育利用 专项研究野生动物繁育利用政策，强化规范监管，对野生动物繁育利用，继续实施以利用野外资源为主向以利用人工繁育资源为主的战略转变，强化对资源消耗的宏观调控，特别是对人工繁育野生动物及其产品经营免征资源保护管理费，有力促进了野生动物繁育利用产业的健康发展。2011年，全国各类野生动物驯养繁殖单位发展到2.45万家，缓解了野外资源保护压力，带动了区域经济发展和农民就业增收。

（五）林业重点工程

2011年，林业重点工程共完成造林309.39万公顷，占全部造林面积的51.59%。其中，天然林资源保护工程、退耕还林工程（不含京津风沙源治理工程）、京津风沙源治理工程和三北及长江流域等重点防护林体系建设工程分别为55.36万公顷、73.02万公顷、54.52万公顷和126.40万公顷，占全部造林面积的比重分别为9.23%、12.18%、9.09%和21.08%，其他社会造林占全部造林面积的48.42%。社会造林所占比重自2006年以来逐年上升（扣除2008年中央扩大内需新增造林任务因素），各级地方政府、企业和个人多元化投入造林绿化的新局面已逐步形成，在生态建设中发挥的作用越来越突出（图2，图3）。

2011年林业重点工程投资有较大幅度增加，但占全国林业投资的比重有所下降。全年完成投资532.21亿元，比2010年增长12.75%，林业重点工程投资占全国林业投资的比重为20.22%。

图2 2011年国家林业重点工程造林面积占全国造林面积的比重

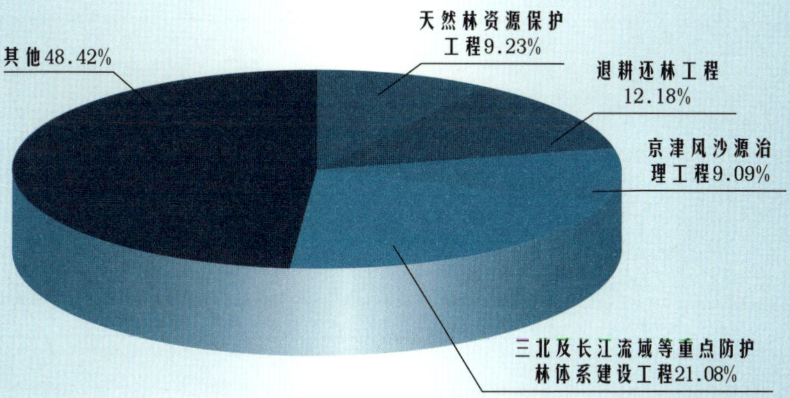

图3 2002~2011年林业重点工程造林面积与全国造林面积比较

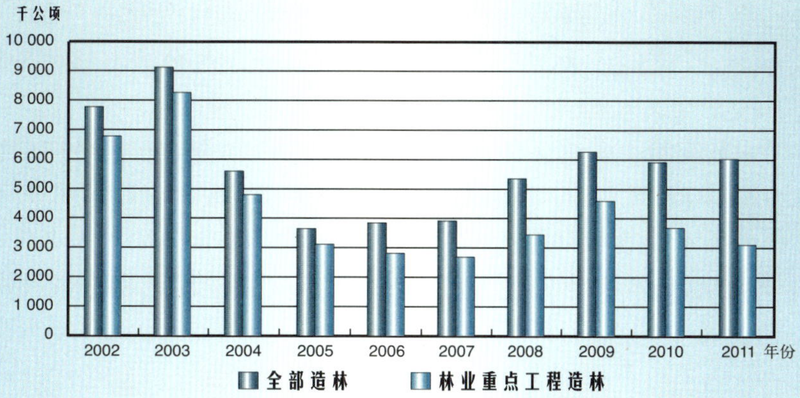

1. 天然林资源保护工程

2011年，在工程二期政策的作用下，工程投资显著增加，工程区公益林建设力度加大，就业和社会保障情况改善，木材产量下降明显。

公益林建设 完成造林面积55.36万公顷，其中人工造林13.98万公顷，飞播造林8.69万公顷，无林地和疏林地新封山育林32.69万公顷。中央财政森林抚育补贴试点任务完成面积140.01万公顷，森林管护面积有所增加，达到11 596万公顷，其中国有林管护面积7 237万公顷，集体和个人所有的国家级公益林面积1 950万公顷，集体和个人所有的地方公益林面积2 409万公顷。自1998年工程实

图4 2002～2011年天然林资源保护工程区木材产量及环比变化情况

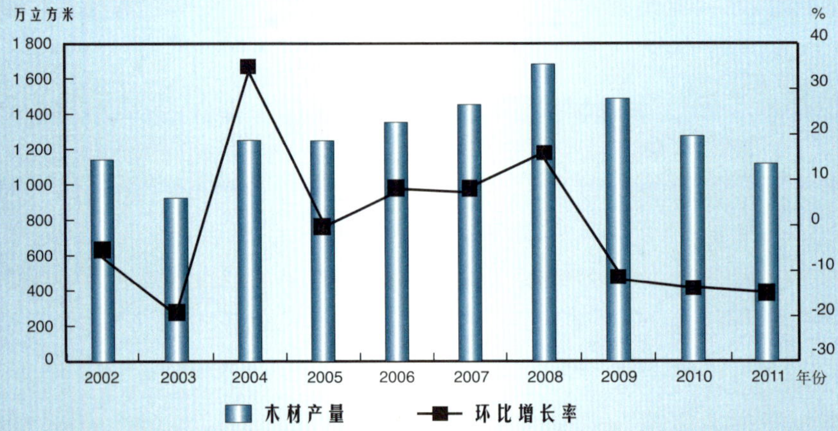

施以来，14年间累计完成人工造林297.04万公顷，飞播造林335.30万公顷，新封山育林778.89万公顷。

木材生产 在工程二期政策的影响下，工程区木材产量进一步调减，全年木材产量1 114.32万立方米，比2010年减少14.25%，占全国木材产量的13.68%（图4）。

人员结构及安置 工程区年末全部在册人数85.30万人，其中在岗职工61.21万人，比2010年下降2.50%，下岗待安置职工10.92万人，比2010年下降1.53%，离开本单位保留劳动关系人员13.17万人。在岗职工参加基本养老保险人数为50.56万人，参加基本医疗保险人数为52.46万人，参保比例分别为82.60%和85.70%。自工程实施以来，工程区累计一次性安置职工69.06万人，根据工程二期政策，今后不再安排国有职工一次性安置，而是通过实施公益林建设、森林管护、中幼林抚育等建设任务增加就业岗位，提高工程区职工就业率。据估计，在工程二期政策的推动下，森林管护安置职工34万人，公益林建设拉动林区就业52 000人，森林培育试点提供就业岗位2 300个。

投资 2011年，工程完成投资182.67亿元，比2010年增长149.79%，其中，国家投资169.68亿元，占92.89%。完成的投资额中，森林管护所占比重最大，为33.65%，其次是政社性支出，占17.43%，社会保险占16.81%，森林抚育占13.88%，投资结构的变化初步体现了工程二期向森林经营和民生倾斜的政策取向。自1998年工程实施以来，天然林资源保护工程累计完成投资额1 092.21亿元。

2011年国家林业重点工程社会经济效益监测通过对50个天然林资源保护工程（以下简称天保工程）县、37个天然林资源保护森工企业监测结果显示：天保工程二期开局之年，各项建设任务进展顺利，工程政策执行良好，林区生态持续改善，经济快速发展，社会和谐稳定。

调减木材产量。木材产量大幅调减，商品林区木材产量下降幅度大。2011年，样本企业实际木材产量减少153.12万立方米，下降了46.00%，其中，东北内蒙古重点国有林区样本企业实际木材产量下降了47.00%。

开展公益林建设。2011年，样本县完成造林4.94万公顷。其中，人工造林1.78万公顷，飞播造林0.33万公顷，封山育林2.83万公顷。当年有人工造林任务且数据有效的34个样本县中，人工造林成活率不低于85%的样本有31个，飞播造林成效率达96.97%。样本企业人工造林总面积8 397.27公顷，人工造林成活率平均为91.91%，人工造林保存率为90.66%，造林质量均达到技术规程要求。

完善森林管护体系。2011年，样本县天保工程区森林管护面积持续扩大，管护队伍基本稳定，管护收入明显增加。当年，样本县实际管护林地面积870.00万公顷；国有林管护人员人均管护林地面积611.69公顷，集体林管护人员人均管护林地面积398.48公顷；林业职工人均管护补助16 013.12元，农民人均管护补助7 842.83元。样本企业实际管护森林面积1 212.56万公顷，占林地总面积的98.73%。专业管护和承包管护占实际管护面积的94.99%，其中管护站管护比重35.16%，森林管护向更专业、更持续化发展。

实施国有中幼龄林抚育。2011年，50个样本县完成国有中幼龄林抚育面积5.58万公顷。其中，幼龄林面积2.37万公顷，占42.47%；中龄林面积3.04万公顷，占54.48%；其他林地面积0.17万公顷。当年，天保工程森林抚育资金投入主要来自中央财政（92.56%），主要用于中幼林抚育有关直接费用（92.95%）。样本企业中幼林抚育规划面积比2010年增长193.34%，增长近2倍。中龄林和幼龄林抚育为主，分别占总抚育面积的63.43%和29.88%，中龄林抚育比重比2010年增长6.78个百分点。

增加森林资源总量。通过天保工程一期十多年的有效保护和公益林建设，工程区森林资源总量不断增加，森林生态系统功能逐步恢复，部分地区生态状况有了明显改善。与2010年相比，样本县2011年天保工程区有林地面积年内增加10.40万公顷，森林蓄积增加4 055.03万立方米；样本企业森林面积和森林蓄积分别增加12.32万公顷和4 697.29万立方米。

调整就业结构。2011年，样本企业在岗人员就业结构继续调整，技术人员和生产人员分别增长5.54%和1.37%，管理人员下降2.28%；同时，生产人员中从事中幼林抚育、森林改造培育、森林管护和多种经营的职工分别增长29.24%、5.38%、3.44%和10.43%。60.74%的职工从事森林的造、管、育工作。

2. 退耕还林工程

2011年，退耕还林工作坚持巩固成果与稳步推进并举、退耕还林与改善民生兼顾、积极稳妥地推进工程建设的总体思路，调整工程布局，突出建设重点，完善补助政策，提高建设成效，各项工作进展顺利，退耕还林成果进一步得到巩固，部分地区完善退耕还林补助政策已到期，亟待出台新政策。

巩固成果 2011年是实施巩固退耕还林成果专项规划的第四年。根据国务院要求，各地调整了巩固退耕还林建设任务，调增基本口粮田建设任务11.6万公顷，增长4.3%；调整了农村能源建设结构，增加了太阳能热水器、太阳灶建设任务，减少了户用沼气池、节柴灶（炕）、薪炭林建设任务；调减生态移民14万人，减少10.5%；从市场需求变化和退耕农户意愿出发，增加了一些致富效果明显的后续产业项目；考虑到近年来退耕还林地因灾损失较大的实际，调增补植补造任务25.73万公顷，增长15.1%。根据国家林业局组织开展的阶段验收结果，1999～2003年退耕还生态林和1999～2006年退耕还经济林共720万公顷的计划面积保存率达到99.27%，成林率达74.5%。

造林 全年共完成造林面积74.13万公顷（含京津风沙源工程中1.11万公顷），其中退耕地造林59公顷，荒山荒地造林52.77万公顷，无林地和疏林地新封山育林21.35万公顷。全年完成种草面积1.14万公顷。西部12个省（自治区）（含新疆生产建设兵团）共完成42.05万公顷的退耕还林任务，占退耕还林工程总造林面积的56.72%。

退耕补助兑现 2011年涉及退耕补助兑现的退耕还林面积842.06万公顷，全年粮食补助资金103.84亿元，生活费兑现金额34.85亿元，全年退耕补助兑现涉及2 503万农户，比2010年下降9.10%，下降的主要原因是部分先期退耕的农户退耕还林补助政策已到期。

投资 退耕还林工程全年完成投资272.27亿元（含京津风沙源工程中25.93亿元），其中，退耕农户补助资金138.69亿元，巩固退耕还林成果专项建设资金76.87亿元，分别占完成投资的50.94%和28.23%（图5）。

图5 2011年退耕还林完成投资结构

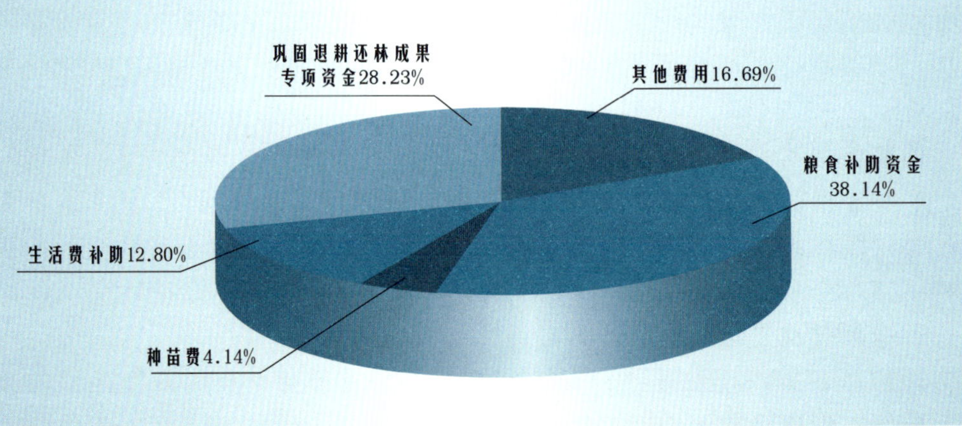

自1999年工程试点启动以来，已累计完成退耕地造林906.30万公顷，荒山荒地造林1 533.97万公顷，新封山育林246.81万公顷，累计兑现粮食补助资金1 936.72亿元，累计兑现生活费资金262.44亿元。

2011年国家林业重点工程社会经济效益监测对100个退耕还林县、119个退耕还林村和1 154个退耕还林农户的监测结果表明：2011年，退耕还林政策深入实施，巩固退耕还林专项建设在调整中稳步推进，政策的中长期成效开始显现，退耕林木管护与经营成为实现退耕还林生态建设目标的关键，亟待加强。

退耕还林投资下降。2011年样本县共完成退耕还林投资32.26亿元，比2010年下降10.41%，其中，粮食补助资金、生活费补助和种苗费等退耕补助资金下降20.94%，巩固退耕还林专项建设资金与2010年基本持平。

巩固退耕还林成果专项建设规模继续加大。基本口粮田建设重点在坡改堤，农村能源建设开始因地制宜调整建设内容，增加太阳能热水器等新能源项目，减少沼气、节柴（煤）灶等传统能源，退耕还林专项建设对退耕农户的覆盖面扩大10%左右。

60%以上的退耕地进入完善退耕还林政策补助期，退耕补助兑现执行良好。样本县享受原补助、完善政策补助及补助期满的退耕还林面积分别占样本县退耕地还林面积的26.43%、67.90%和5.67%；样本农户平均退耕补助兑现率98.21%，93.78%的样本农户通过一卡通领取退耕补助；户均获退耕补助1 447.42元，退耕补助占样本农户人均纯收入的4.99%。

退耕林木总体保存较好，生态优先目标初步实现。样本村退耕林木平均存活率为88.84%，样本农户退耕林木平均存活率90%左右。退耕还生态林的农户占全部样本农户的63.49%，退耕还经济林的占22.66%，两者都有的110户，占9.52%，80%的退耕还生态林目标基本实现。

退耕农户生计显著改善，"稳得住"基本没有问题。样本农户贫困发生率从退耕初期的36.14%下降到2011年的6.56%；完全以烧柴为能源的农户比例从退耕前的33.94%下降到2011年的19.93%，使用太阳能等新能源的农户比例接近20%；西南地区样本农户人均耕地面积1.60亩，西北地区2.85亩，耕地拥有量高于完善退耕还林政策要求；全退户经济状况良好，主要收入靠退耕地产出；出现少数复耕，贫困不是主因。

"种上树"的目标已经实现。退耕林木经营利用尤其是生态林面临诸多问题，"管得好"、形成稳定生态系统任务更加艰巨，需尽早在资金和管理机制方面做出重要调整。同时，随着部分退耕地结束完善退耕还林补助期，对未来政策的预期已经开始影响退耕农户的森林经营行为，已执行过半的巩固退耕还林专项建设在继续完成巩固退耕农户长期生计任务的同时，如何更直接地支持退耕地林木经营应受到高度重视。

3. **京津风沙源治理工程**

2011年，京津风沙源治理工程通过加大科技支撑力度，强化林分抚育和依法保护，加强产业建设，规范工程管理，提高了造林成活率，巩固了工程建设成果，促进了区域经济发展，工程取得的生态、经济和社会效益日益显现。

2011年，京津风沙源治理工程共完成造林54.52万公顷，其中人工造林21.56万公顷，飞播造林11.00万公顷，无林地和疏林地新封山育林21.96万公顷，草地治理面积14.24万公顷，小流域治理面积8.36万公顷，治理总面积达到77.12万公顷。另外，建设暖棚152.25万平方米；购置各种饲料机械1.13万台；完成水利配套设施1.52万处；生态移民1 444人，涉及457户。

2011年，京津风沙源治理工程完成投资30.08亿元，其中，林业建设完成投资25.04亿元，占83.24%。自2001年工程实施以来，已累计完成投资317.40亿元，其中国家投资占89.29%。

京津风沙源治理工程实施11年来累计完成治理总面积达到966.91万公顷，其中林业工程631.28万公顷，草地治理235.46万公顷，小流域治理100.17万公顷。在林业工程中，累计完成人工造林312.91万公顷、飞播造林88.85万公顷、新封山育林229.52万公顷。

第四次全国荒漠化和沙化土地监测结果显示：1999～2009年，京津风沙源治理工程（以下简称京津工程）涉及的5个省（自治区）沙化土地总面积减少116.3万公顷，占5省（自治区）沙化土地总面积的2.56%。随着林草植被的恢复和覆盖度的提高，工程区土壤的侵蚀强度明显下降，土壤风蚀总量比2001年减少了5.2亿吨，下降了44%；地表释尘总量比2001年减少了1 352万吨，减幅为43.4%。

2011年国家林业重点工程社会经济效益监测通过对21个京津工程样本县监测结果显示：2011年京津工程林业建设立足于提质增效，通过加强抚育管护，严格执行“三禁”，巩固了工程建设成果；通过大力推广容器育苗造林、径流林业等实用造林技术，提高了工程建设科技含量；通过启动京津工程治沙示范县建设，总结了沙产业发展经验和成绩，以点带面推动了兴林富民战略的实施；通过开展省级政府防沙治沙目标责任期末综合考核工作，切实提高了地方各级政府和有关部门防沙治沙的责任意识，有力地促进了地方政府问责制度的建立和完善，使依法治沙落到了实处。

土地结构继续优化。与2010 年相比，21个样本县（旗）的有林地面积增长0.47%，沙化土地面积下降0.25%。

拉动地区经济增长。2011年，21个样本县（旗）地区生产总值1 357.59亿元，与2010年比，增长18.03%，与2000年比，环比年均增长19.78%。根据我国投资对GDP增长贡献率统计，2000～2011年，样本县京津工程投资共增加地区生产总值25.56亿元，对地区生产总值增长的贡献率为2.18%。

促进农民就业和增收。2011年，21个样本县（旗）外出务工人员70.52万人，与2010年相比，增加3.3万人；338户样本家庭外出务工人数337人，比2010年增加45人。其中，务工时间5个月以上的212人，比2010年增加了43人，省外务工人数55人，比2010年增加51人。工程区外出务工人数、外出务工时间持续增长，务工地域不断扩展。2000年，参与工程农户家庭农村居民人均纯收入比全国水平低666.06元，2011年已经比全国平均水平高59.60元。

4. 三北及长江流域等重点防护林体系建设工程

2011年，三北及长江流域等重点防护林体系建设工程以增加森林资源、增强防护功能、构建生态屏障为目标，以“两湖两库”（即洞庭湖、鄱阳湖地区和三峡库区、丹江口库区）及“南水北调”工程沿线生态建设、沿海基干林带和红树林建设保护、平原农田防护林建设、村镇绿化、石漠化治理等为重点，加强工程管理，组织各省（自治区）加快工程建设。全年共完成造林面积126.40万公顷，其中，人工造林79.53万公顷，无林地和疏林地新封山育林46.87万公顷。分工程看，三北防护林工程完成造林面积73.78万公顷，长江流域防护林工程完成造林面积20.48万公顷，沿海防护林工程完成造林面积20.99万公顷，珠江流域防护林工程完成造林面积7.23万公顷，太行山绿化工程完成造林面积3.66万公顷，平原绿化工程完成造林面积0.26万公顷。

在全部造林面积中，防护林面积所占比重为87.34%，其中水土保持林和防风固沙林所占比重最高，分别达到了30.59%和23.52%。另外，还完成低产低效防护林改造面积1.87万公顷。

2011年，工程完成投资66.48亿元，比2010年增长16.45%，自1979年以来，工程累计完成投资523.67亿元，其中，国家投资230.85亿元，占44.08%。

自2001年以来，工程累计完成人工造林761.55万公顷、飞播造林29.11万公顷、新封山育林448.55万公顷。其中，三北防护林工程累计完成人工造林470.47万公顷、飞播造林10.12万公顷、新封山育林232.87万公顷。

5. 野生动植物保护及自然保护区建设工程

2011年，自然保护区数量继续增加，布局更加优化，管理质量和保护能力进一步加强。截至2011年年底，林业系统自然保护区已达2 126处，总面积1.23亿公顷，占全国国土总面积的12.78%。其中，国家级自然保护区263处，面积7 629.07万公顷，与2010年相比，自然保护区数量增加了91处。实现了《全国野生动植物及自然保护区建设工程总体规划》和《全国林业自然保护区发展规划》确定的阶段目标，巩固了林业系统自然保护区在全国自然保护区中的主体地位。截至2011年年底，我国共有29处自然保护区加入了“国际人与生物圈保护区网络”，其中林业系统自然保护区23处；18处林业系统自然保护区被列为“世界自然遗产地”。

2011年末实有自然保护小区4.87万个，总面积1 146万公顷。野生植物就地保护点622个，总面积439万公顷。野生动物种源繁育基地2 485个，其中商业性野生动物驯养繁殖单位2 350个。野生植物种源培育基地533个。野生动物观赏展演单位295个，植物园108个，狩猎场140个。野生动植物保护管理站4 607个，野生动植物科研及监测机构736个，鸟类环志中心（站）114个。全国从事野生动植物及自然保护区建设的人员达4.71万人，其中各类专业技术人员1.49万人。

2011年，工程完成投资11.43亿元，比2010年的10.01亿元增长14.13%，其中，国家投资7.77亿元，占68.03%。自2001年工程启动以来，累计完成投资70.71亿元，其中国家投资41.64亿元，占58.89%。使自然保护区的保护管理条件进一步得到改善，增强了保护管理能力。

2011年，国家林业重点工程社会经济效益监测通过对40个样本自然保护区监测结果显示：野生动植物保护及自然保护区建设工程稳步推进，保护区生态状况进一步改善，科研监测和管理能力得到进一步提高。同时，工程实施进一步带动就业，促进居民增收。工程产生的生态、经济和社会效益进一步显现。

野生动植物物种及种群数量持续增加。2011年，共有6个样本保护区反映在区内新发现紫翅椋鸟、黑脸琵鹭等野生动物6种，有3个样本保护区反映在区内新发现华榛、全缘网蕨等野生植物4种。野生动植物资源专项资源调查结果进一步证实保护区内野生动植物物种及种群数量呈增长态势。

濒危物种保护和繁育工作成效显著。濒危野生动物栖息地30%以上和濒危野生动植物种群30%以上得到有效保护；在金钱豹、丹顶鹤等濒危野生动物分布区强化了野外巡护、反盗猎工作，提高了应对自然灾害的能力；濒危物种栖息地生境总体上逐步恢复、改善和优化，促使10%以上的国家重点保护野生动物野外种群处于稳定或稳中有升的状况；进一步加大了对濒危野生动物的拯救繁育力度，并取得良好成效。

区内森林质量持续提高。2011年，40个样本保护区内活立木蓄积量14 332.59万立方米，比2010年增加129.77万立方米；森林蓄积量13 926.76万立方米，比2010年增加117.58万立方米。单位面积森林蓄积量同比增加0.96立方米/公顷。

宣教范围不断扩大。2011年，40个样本保护区共接待教学、参观、旅游等人员731.78万人次，比2010年增加85.89万人次，涨幅13.30%。其中，旅游实际接待510.05万人次，占当年对外接待总人数的69.70%。

带动就业促进增收作用明显。2011年，40个样本保护区通过工程建设和发展相关产业等方式，共为社会提供就业机会52 069个，比2010年增加2.98%；带动就业人员获得收入66 909.20万元，比2010增加12.65%。68个样本村依托保护区开展旅游、餐饮服务、家庭旅馆等项目就业人数3 539人，比2010年增加7.41%。获得收入6 936.21万元，比2010年增加7.13%。

6. 湿地保护与恢复工程

2011年，湿地保护工作扎实推进，编制完成了全国湿地保护“十二五”实施规划，配合财政部制定了《中央财政湿地保护补助资金管理暂行办法》，建立了湿地保护补助的长效机制。2011年，中央财政安排湿地保护补助资金2亿元，开展了69个林业湿地保护补助项目建设。全国共完成湿地保护工程项目42个，新增湿地保护面积33万公顷，恢复湿地2.3万公顷，新增4处国际重要湿地和68处国家湿地公园试点。截至2011年年底，国际重要湿地达41处，面积371万公顷，湿地示范区面积达到349万公顷。

7. 石漠化综合治理工程

2011年，国家进一步加大了石漠化综合治理力度，石漠化综合治理重点县由100个扩大到200个。2011年已下达投资16亿元，下达林业建设任务31.73万公顷。截至2011年年底，工程已完成林业建设任务21.17万公顷，其中：人工造林6.51万公顷，封山育林14.66万公顷。自2008年工程实施以来，已累计完成林业建设任务47.95万公顷，其中：封山育林33.52万公顷，人工造林14.43万公顷。

石漠化治理已取得阶段性成效。监测结果表明，2011年石漠化土地总面积为1 200.2万公顷，占岩溶土地面积的26.5%，与2005年相比，石漠化土地面积减少96.0万公顷，减少了7.4%，年均减少面积16.0万公顷，年均缩减率1.27%。我国土地石漠化整体扩展的趋势得到初步遏制，由过去持续扩展转变为净减少，岩溶地区生态状况呈良性发展态势，但局部地区仍在恶化，防治形势仍很严峻。

8. 重点地区速生丰产用材林基地建设工程

2011年，工程投资及任务较往年有较大幅度减少。2011年，工程投资2 545万元，其中国家投资330万元，完成荒山荒地造林907公顷，其中：国有林场造林273公顷，农户造林634公顷；改培面积15 240公顷。另据不完全统计，2011年各有关省（自治区）营造速生丰产用材林68.7万公顷，速丰林工程建设继续保持较快增长的态势。工程加强了对特殊林木后备资源培育项目的管理，规范了建设标准，项目投资由原来大径材培育项目2 000万元提高到9 000万元。召开了“全国特殊林木后备资源培育工作会议”，编制了《特殊林木项目实施方案（2012～2015）》和《特殊林木项目技术规范》。

专栏3　2011年我国天气概况及灾情评估

2011年春季（3～5月），我国北方地区共发生8次沙尘天气过程，其中扬沙、浮尘4次，沙尘暴3次，强沙尘暴1次；按月份统计，3月发生3次，4月发生4次，5月发生1次。据不完全统计，沙尘暴造成直接经济损失约8 700万元。

与往年相比，沙尘天气具有5个特点：一是沙尘天气发生频次低于2001～2010年均值（12.6次），高于2003年春季（7次）。二是春季发生沙尘暴和强沙尘暴天气共4次，低于近10年同期均值（7.8次）。三是影响范围涉及西北、华北、东北13个省（自治区、直辖市）的551个县（市），影响人口约2亿，小于2010年同期［21省（自治区、直辖市）928个县（市），人口近4亿］。四是沙尘天气主要起源于南疆盆地、甘肃河西走廊—内蒙古西部地区，仅2次起源于蒙古国南部。五是北京遭受3次浮尘天气影响，与2010年同期持平，低于近10年同期均值（4.9次）。

专栏4　全国造林绿化规划纲要

《全国造林绿化规划纲要2011～2020年》（以下简称《纲要》）于2011年6月16日以全国绿化委员会、国家林业局文件（全绿字[2011]6号）印发。《纲要》是统领全国造林绿化事业的纲领性文件，是未来10年做好造林绿化工作的基本遵循。

《纲要》明确了造林绿化指导思想、基本原则、总体目标和主要任务；根据各地特点，提出了八大分区，从国家和区域层面明确了造林绿化发展方向和建设重点；将造林绿化任务分解落实到各地及相关部门，强化了地方政府和相关部门的责任；针对当前造林绿化存在的主要问题，提出了6条保障措施，明确了政策调控和制度建设的主要方向。

一个核心　紧紧围绕落实林业“双增”目标这个核心，规划造林绿化和森林经营任务，确保实现2020年比2005年森林面积增加4 000万公顷、森林蓄积增加13亿立方米。

一条主线　体现了中央加快转变发展方式这条主线。一方面，《纲要》规划了荒山荒地、城乡造林绿化任务，要求在追求森林资源数量增长的同时，培育优质森林，营造混交林，建立稳定的森林生态系统，提高造林质量和城乡绿化水平，体现了在保证造林绿化质量前提下的森林资源数量增长。另一方面，《纲要》规划了以提质增效为目的森林经营任务，将森林经营提到与造林绿化同等重要地位，强化森林抚育和低产林改造，挖掘现有森林潜力，追求内涵增长，加快林业发展方式的转变。

三大转变　一是从单纯追求数量增长向量质并重转变。不仅注重森林面积的扩大，同时注重森林质量的提高。在加大造林绿化面积的同时，强调了林种树种结构调整，强化了森林抚育和低产低效林改造力度。二是从单纯造林向全面绿化转变。从主要实施荒山荒地造林，向城市、乡村、校园、营区、道路、河渠、矿山绿化全面推进的转变，加大了城乡居住环境绿化建设内容。三是由部门办林业向全社会搞绿化的转变，从单一责任制向领导绿化目标责任制与社会广泛参与相结合转变；坚持走“政府主导、部门配合、全民参与”的造林绿化之路，不仅规划了以林业为主的营造林任务，同时落实了城建、交通、铁道、水利、教育部门，以及部队、采矿行业的造林绿化任务和责任。

建设目标 2020年，森林面积达到2.23亿公顷，森林覆盖率达到23%以上。森林蓄积达到158亿立方米。城市建成区绿化覆盖率达到39.5%，人均公园绿地面积达到11.7平方米，乡镇建成区绿化覆盖率达到30%，村屯建成区绿化覆盖率达到25%，校园绿化覆盖率达到35%，军事管理区绿化覆盖率达到65.6%。公路宜绿化路段绿化率达到90%，铁路宜绿化路段绿化率达到90%。全民义务植树尽责率达到70%。造林全部实现基地供种，人工造林良种使用率达到75%。

建设内容 包括造林更新，城乡绿化美化，绿色通道、河渠湖库周边绿化，农田林网建设与矿区植被恢复，森林抚育经营，全民义务植树，种苗建设和草原建设7个方面，不仅规划了荒山荒地造林、城乡环境绿化，而且规划了以提质增效为目的的森林抚育经营；不仅规划了林业重点工程为主的造林营林，而且规划了城建、交通、铁道、水利以及部队、采矿行业的造林绿化和草原建设。

主要任务 2011～2020年规划造林绿化总面积7 700万公顷，其中：造林更新7 000万公顷（造林5 700万公顷、人工更新600万公顷、林冠下造林700万公顷）；城市、乡镇、村屯、军事管理区绿化295.4万公顷(城市建成区绿化45万公顷、乡镇建成区绿化60万公顷、村屯建成区绿化185.4万公顷、军事管理区绿化5万公顷)；公路、铁路、河渠湖库周边造林绿化154.6万公顷（公路绿化24万公顷、铁路绿化10.6万公顷、河渠湖库周边绿化120万公顷)；农田林网建设150万公顷，矿区植被恢复造林100万公顷。森林抚育经营（含低产林改造）7 500万公顷；义务植树65亿人次，植树260亿株以上；建设林木种质资源保存库200处，面积9 690公顷；培育优良品种和优良无性系500个以上；建设重点林木良种基地300处，面积16 870公顷；重点林木采种基地100处，面积4 710公顷；扶持保障性苗圃300处，面积6 000公顷。改良草原面积3 500万公顷，草原围栏10 000万公顷，人工种草保留面积1 500万公顷。

D

P45-52

产业发展

- 林业产业总产值
- 产业结构
- 木材生产及林产工业
- 经济林、竹及新兴林业产业
- 森林公园旅游产业
- 国有林区经济效益

产业发展

2011年是“十二五”规划的开局之年，林业产业蓬勃发展，呈现出规模不断扩大、结构持续调整、木材利用行业增长迅速、新兴产业快速发展的态势。林业产业规模持续壮大，区域发展差距进一步拉大。2011年林业产业实现了持续快速的增长，总产值达到3.06万亿元（按现价计算），比2010年增长34.32%。东部地区林业产业总产值的增速最高，与其他地区的差距进一步拉大。林业产业总产值排名前五位的省份全部集中在东部。林业产业结构不断优化，涉林产业的带动作用不断增强。随着产业结构的调整，林业第一产业比重下降，第二、三产业比重稳步上升，形成了第一、二产业为支柱，第三产业为驱动的格局。在林业各产业中，涉林产业的带动作用日益加强。经济林产品的种植与采集业、木材加工及木竹制品制造业、森林旅游业持续作为林业第一、二、三产业的主要组成部分和增长拉动点。木材产量保持稳定，木材利用行业增长迅速。2011年，随着集体林区人工商品林的发展，弥补了天保工程木材调减的影响，木材产量总量稳定，与2010年产量基本持平。木材利用行业包括锯材、人造板、木竹地板产量持续快速增长，分别比2010年增长19.81%、36.19%、31.29%。经济林产品持续增长，森林旅游发展态势良好。2011年，各类经济林产品总量达到1.34亿吨，持续增长。竹材、油茶籽、花卉等均保持增长势头。林业生物质能源开发利用成为林业新兴产业，发展势头良好。2011年，全国森林公园建设与森林旅游发展良好，资源保护的投入和培育力度不断加大，基础设施和旅游服务接待能力得到增强，经济社会效益显著。2011年，全国森林公园共接待游客4.68亿人次，全国森林公园以门票为主的直接旅游收入达376.42亿元。

（一）林业产业总产值

2011年，全年实现林业产业总产值30 597亿元（按现价计算），比2010年增加7 818亿元，增长34.32%（图6）。

分产业看，第一产业产值11 056.19亿元，占全部林业产业总产值的36.14%，同比增长24.29%；第二产业产值16 688.40亿元，占全部林业产业总产值的54.54%，同比增长40.51%；第三产业产值2 852.14亿元，占全部林业产业总产值的9.32%，同比增长42.12%。

分地区看，东部地区林业产业总产值为15 545.50亿元，占全部林业产业总产值的50.81%；中部地区林业产业总产值为6 009.91亿元；西部地区林业产业总产值为5 772.06亿元；东北地区林业产业总产值为3 269.26亿元。东部地区林业产业总产值的增速最高，与其他地区的差距进一步拉大。林业产业总产值超过2 000亿元的省份共有5个，分别是广东、山东、浙江、福建和江苏。

图6　2002～2011年林业产业总产值

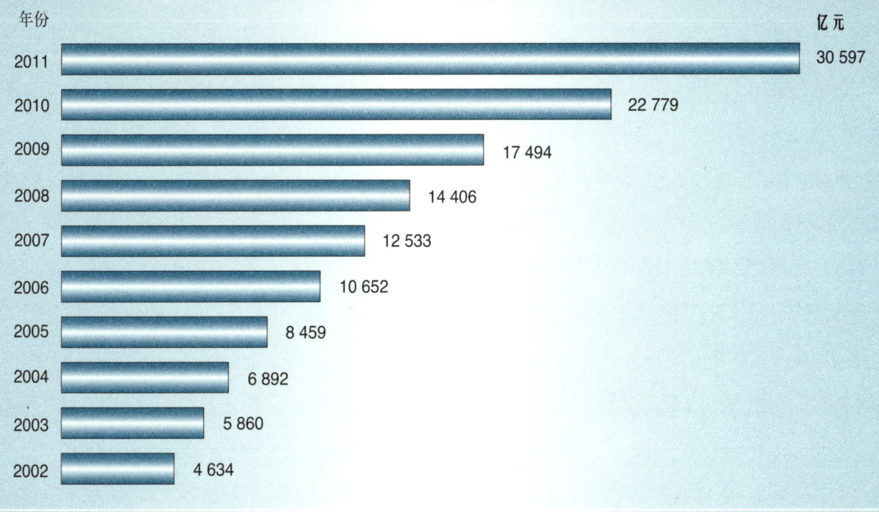

图7　2002～2011年林业三次产业产值结构变化

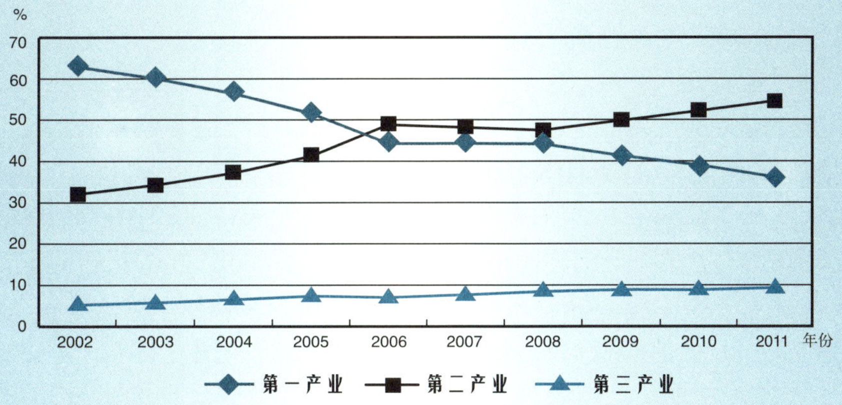

（二）产业结构

2011年，林业三次产业的产值结构由2010年的39.05：52.14：8.81调整为36.14：54.54：9.32。第一产业比重下降，第二、第三产业比重稳步上升（图7）。

在林业产业发展中，涉林产业的产值贡献是全部林业产业产值的主体，2011年达到95.78%，非林产业仅占4.22%。

经济林产品的种植与采集业产值占到林业第一产业产值的一半以上　2011年，在全国林业产业总产值中，包括干鲜果品、茶、中药材以及森林食品等在内的经济林产品的种植与采集业的产值达到6 319.87亿元，比2010年增长

22.52%，占林业第一产业的57.16%；其他依次是林木的培育和种植业，产值1 915.27亿元，比重为17.32%；木竹材采运业产值948.47亿元，比重为8.58%；花卉的种植业产值为939.91亿元，比重为8.50%；陆生野生动物繁育与利用业产值为281.53亿元，比重为2.55%，林业服务业产值为191.63亿元，比重为1.73%。

木材加工及木、竹制品制造业成为林业第二产业的主要组成部分 2011年，木材加工及木、竹制品制造业产值达到6 789.16亿元，比2010年增长35.93%，占林业第二产业的比重达到40.68%。其他主要产业按比重依次为木、竹、苇浆造纸业产值3 959.19亿元，占林业第二产业比重23.72%；木质、竹藤家具制造业产值2 323.16亿元，比重13.92%；非木质林产品加工制造业产值1 528.69亿元，比重为9.16%。

森林旅游业成为林业第三产业的增长点 2011年，森林旅游及休闲服务业产值达到1 863.07亿元，比2010年增长42.18%，占林业第三产业的比重达到65.32%。其他主要产业按比重依次为：包括交通运输、批发零售及住宿餐饮业在内的非林产业产值380.15亿元，比重为13.33%；林业生态服务产值276.77亿元，比重为9.70%；林业公共管理服务业产值251.94亿元，比重为8.83%；林业专业技术服务产值80.21亿元，比重为2.81%。

（三）木材生产及林产工业

木材产量稳定 2011年，天然林资源保护工程二期启动实施，东北、内蒙古等重点国有林区木材产量调减，集体林区木材产量普遍增长。总体来看，2011年木材产量为8 145.92万立方米，与2010年产量基本持平。

从木材产品结构看，原木产量7 449.64万立方米，比2010年减少0.85%；薪材产量696.28万立方米，比2010年增长20.80%。

从木材生产单位看，林业系统内生产的木材为2 033.87万立方米，比2010年减少24.09%，占全部木材产量的24.97%，其中系统内国有林场、事业单位生产木材1 220.12万立方米；系统外企、事业单位采伐自营林地的木材301.68万立方米，同比增长13.40%，占全部木材产量的3.70%；乡（镇）集体企业及单位生产木材产量535.68万立方米，同比增长26.43%，占全部木材产量的6.58%；村及村以下各级组织和农民个人生产的木材5 274.70万立方米，同比增长11.74%，占全部木材产量的64.75%。

锯材产量持续增长 2011年，全部锯材产量4 460.25万立方米，比2010年增长19.81%。

人造板产量快速增长 2011年，人造板产量达到20 919.29万立方米，比2010年增长36.19%，增长速度进一步加快。在全部人造板产量中，胶合板9 869.63万立方米，比2010年增长38.24%，占全部人造板产量的47.18%；纤维板5 562.12万立方米，比2010年增长27.73%，占全部人造板产量的26.59%，其中中密度纤维板产量为4 973.41万立方米；刨花板产量2 559.39万立方米，比2010年增长102.45%，占全部人造板产量的12.23%；其他人造板2 928.15万立方米（细木工板占69.47%），比2010年增长12.52%，占全部人造板产量的13.99%。另外，人造板表面装饰板产量为2.66亿平方米，单板产量为3 173万立方米（图8，图9）。

从分省情况看，人造板生产主要集中在东、中部地区，山东、江苏、广西、河南、河北、安徽、福建和广东8省（自治区）产量均超过700万立方米，8省（自治区）人造板产量共计17 121.50万立方米，占全国人造板总产量的81.85%，其中山东突破6 000万立方米，江苏突破3 000万立方米，广西突破2 000万立方米。

图8　2002～2011年人造板（三板）比重趋势

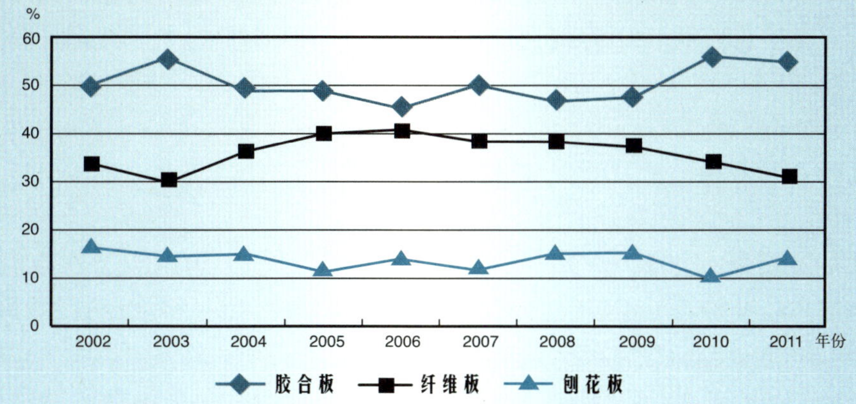

图9　2002～2011年全国森林工业主要产品产量

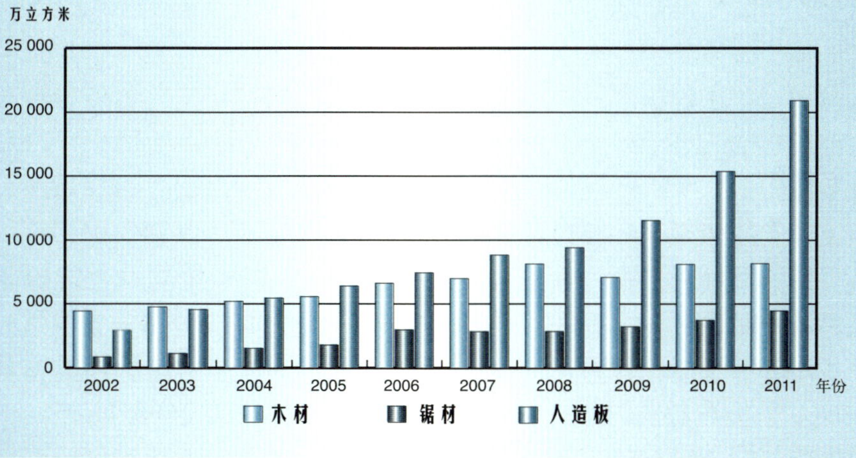

木竹地板产量快速增长 2011年，全部木竹地板产量达到6.29亿平方米，比2010年增长31.29%。在木竹地板产量中，实木木地板1.22亿平方米，占全部木竹地板产量的19.44%；复合木地板3.57亿平方米，占全部木竹地板产量的56.70%；其他木地板1.03亿平方米，占全部木地板产量的16.40%；竹地板0.47亿平方米，占全部木地板产量的7.46%。木竹地板产量最大的省份是江苏省，产量达到1.83亿平方米。

木制家具产量呈持续增长态势 2011年，全国木制家具总产量2.48亿件，比2010年增长15.84%。

木浆产量稳定增长 2011年，纸和纸板总产量9 930万吨，比2010年增长7.12%；纸浆产量7 723万吨，比2010年增长5.53%，其中木浆产量823万吨，比2010年增长16.24%。

林化产品产量持续增长 2011年，全国松香类产品产量141.30万吨，比2010年增长6.02%，其中松香产量为125.37万吨，同比增长3.96%；松节油产量14.54万吨，同比增长13.06%；栲胶9 129吨，同比下降16.44%；紫胶产量2 046吨，同比下降1.63%。

（四）经济林、竹及新兴林业产业

2011年，新造经济林面积121.83万公顷，比2010年增长9.67%。各类经济林产品总量达到1.34亿吨。水果产量为11 471万吨，比2010年增长3.99%，其中苹果、柑橘和梨分别为3 101万吨、2 412万吨和1 534万吨；干果产量为927万吨，比2010年增长24.81%；林产饮料产品的产量为159万吨，比2010年增长14.15%；林产调料产品的产量为59万吨，比2010年增长17.28%；林产工业原料产量172万吨，比2010年增长2.58%；油茶籽产量为148万吨，比2010年增长35.51%；竹笋干、食用菌等森林食品产量为293万吨；木本药材的产量为144万吨。

2011年，竹材产量为15.39亿根，比2010年增长7.64%，其中毛竹10.26亿根，篙竹5.13亿根，分别占全部竹材产量66.64%和33.36%。村及村以下各级组织和农民生产竹材8.98亿根，占全部竹材产量的58.35%。

2011年，花卉种植面积86.22万公顷；切花切叶142亿支；盆栽植物29亿盆；观赏苗木121亿株；草坪4.08亿平方米。具有一定规模的花卉市场4 100多个，花卉企业4.24万个，其中大中型花卉企业7 900多个；花卉从业人员433万人，花农117万户；控温温室面积和日光温室面积分别为3 332万平方米和15 095万平方米。

林业生物质能源产业发展迅速，截至2011年，备案确定了8个能源林重点示范基地和“林油一体化示范基地”建设项目，面积401.2万亩，完成造林119.42万亩，推进和改造能源原料基地建设300万亩；利用林木剩余物建设热电、碳热气电联产、生物颗粒燃料综合利用企业30多家；正在建设一批10万～20万吨规模的生物柴油厂，约有350万吨生产能力。

（五）森林公园旅游产业

2011年，全国森林公园旅游继续保持快速增长的良好发展态势，全年共接待游客4.68亿人次，占国内旅游人数的17.67%，比2010年增长18.2%；全国森林公园以门票为主的直接旅游收入达376.42亿元，比2010年增长27.6%。207处森林公园游客人数超50万人次，其中79处超100万人次；344处森林公园旅游收入超1 000万元，其中61处超亿元。

森林公园旅游的带动效益显著。据不完全统计，2011年全国森林公园共为社会提供就业岗位64万个，所创造的社会综合旅游收入据测算超过3 000亿元。

国家花木专类园旅游状况良好。2011年，洛阳国家牡丹园、鄢陵国家花木博览园和邳州国家银杏博览园共接待游客580万人次，综合收入达3.3亿元。

（六）国有林区经济效益

2011年，国有林区（包括135个木材采运企业和20个重点营林局）主要经济效益指标保持稳定。国有林区总资产贡献率2.7%，与2010年提高0.1个百分点；企业资本保值增值率101.7%，比2010年提高0.9个百分点；资产负债率63.1%，比2010年提高5.1个百分点；流动资产周转率0.6次，与2010年相同；成本费用利润率13.6%，比2010年提高3.4个百分点；企业全员劳动生产率20 582元/人，比2010年增加6 139元/人；产品销售率86.9%，比2010年下降1.0个百分点。

专栏5　广西林下经济快速发展

广西壮族自治区利用集体林权制度改革的契机，依托丰富的森林资源，创造良好的政策环境，实现了林下经济的快速发展。2011年广西全区新增林下经济面积985万亩，林业经济发展到2 350万亩，比2010年增长72.16%；年产值达到230亿元，比2010年增加94.24亿元，同比增长69.42%。其中：林下种植面积达到321万亩，产值达到17亿元；林下养殖家禽44 052万只、牲畜572万头、蜜蜂51万箱，产值达到142亿元；林下产品采集加工产值达51亿元；森林旅游产值达20亿元。林下经济规模及综合效益居全国前列。发展林下经济惠及农民人数455万人，实现农民人均增收1 383元，其中南宁、玉林、梧州、钦州四个地级市实现农民人均增收2 000元以上。

高度重视，加强组织领导　一是五级书记抓林下经济。自治区党委、政府要求各级党委、政府要做到“五级书记抓林下经济”，将林下经济发展列入各级党委、政府的重要议事日程，高位强力推动林下经济发展。二是加强组织领导。自治区人民政府成立了发展林下经济工作领导小组，负责研究全区林下经济的发展战略、总体任务和政策措施，协调解决全区林下经济工作中出现的重大问题，为林下经济发展提供了组织保障。

统筹规划，加强科学指导 自治区林业厅牵头，联合相关部门统筹规划全区林下经济发展，科学编制并印发实施《广西壮族自治区林下经济“十二五”发展规划》。该规划制定了全区“十二五”林下经济发展的总体目标，划分了发展区域，确定了发展模式和重点建设任务。

政策扶持，改善投资环境 自治区政府出台了一系列扶持政策，包括《广西壮族自治区林下经济领导小组办公室关于广西林下经济“千万林农千元增收”工程实施方案》、《广西壮族自治区人民政府办公厅关于大力推进林下经济发展的意见》、《广西壮族自治区林业厅 财政厅关于进一步完善加快林下经济发展优惠政策若干意见》等，从产业政策、财政政策、税收政策、金融政策、土地政策等方面强化了政策支持，创造了良好的政策环境。

优化服务，夯实发展基础 自治区各级党委政府逐步建立农、林、牧齐抓共管的协同机制。一是做好信息、技术服务。成立林业、兽医、农技等部门为指导的技术服务组织，积极提供市场行情信息、技术培训与指导、风险防范等服务。二是做好销售服务。推动建设林业专业合作社、协会，发展林业龙头企业，构建企业、协会、合作社、农户利益“共同体”，推广“公司+基地+农户+银行+保险”等市场化运作方式，延伸产业链，增加林业产品附加值，拓宽林产品销售渠道，提高林下经济发展的组织化程度。三是做好金融服务。加强与银行、信用社等金融机构的联系与合作，鼓励其开展林权抵押贷款、林农小额信贷、林农联保贷款等业务。根据中国人民银行统计数据，2011年年底全区14个地级市林权抵押贷款余额41.66亿元，比2010年增长22.71%，为林下经济的发展提供了强有力的金融支持。

宣传引导，推进标杆示范 通过新闻媒体、宣传手册、技术培训等多种形式，大力宣传发展林下经济的重大意义、政策措施和实用技术，充分调动农民发展林下经济的积极性，形成全面推动林下经济发展的浓厚氛围。召开了全国林下经济现场会和全区林下经济推进现场会，总结宣传全区发展林下经济50个典型项目，及时推广好经验和做法，发挥标杆引路、示范带动的作用，推动林下经济全面发展。

E

P53-60

生态文化

- 生态文化基础设施
- 生态文化产品
- 生态文化传播
- 生态文化队伍

生态文化

2011年，生态文化发展呈现出以下特点，一是生态文化基础设施建设规模扩大，建设水平提高；二是生态文化理论研究深化，生态文化产品创作成果丰富；三是生态文化传播渠道拓宽，社会媒体、林业报刊图书、展览展会论坛传播形式多样；四是生态文化队伍建设稳步推进。

（一）生态文化基础设施

1. 生态文化场馆

生态文化场馆建设规模进一步扩大，建设水平进一步提高，全国新建生态文化场馆97处，比2010年增长24.36%。新建生态文化场馆更加注重丰富展示内容，更加注重完善展示手段，更加注重提升展示效果。国内首家以花卉为主题的专题图书馆——昆明图书馆·斗南花卉分馆开馆，杨善洲纪念馆在云南开工建设。山东省临沂市建成花卉博览园，突出文化特色，通过群落结构、花境组合、雕塑小品、水景沟溪、声光电图以及设施设备等多种表现手法与造园技法，吸引广大观众了解花卉知识，传播绿色理念。西北农林科技大学博览园发挥自身优势，建成昆虫博物馆、土壤博物馆、植物博物馆、动物博物馆等5个专业博物馆和蝴蝶园、植物分类园、树木园及多种种质资源圃，集教学、科研、科普于一体，成为全国农林类高校首家4A级旅游景区，为传播生态知识、倡导生态文明发挥了重要作用。江西宜春市建成竹博园，分设竹种栽培示范区、引种区、竹文化馆等，搭建起竹文化传播平台。江西环境工程学院生态科教馆对外开放，馆内运用现代科技手段进行生态布景，以实物、标本、图片等形式，展现丰富的自然资源和生态保护成果，成为当地开展生态科普宣传的重要窗口。湖南八大公山动植物标本馆建成开馆，该馆共收藏国家一级重点保护野生动物云豹、林麝和国家一级重点保护野生植物珙桐、红豆杉等标本10万余份，集参观、储藏、制作、科研于一体，为当地中小学生了解野生动植物保护知识提供了场所。

2. 生态文化休憩场所

在人们对精神文化生活需求不断增长的推动下，生态文化休憩场所建设步伐明显加快，全国新建生态文化休憩场所216处，比2010年增长35.85%。河北省石家庄植物园为增加城市居民对沙漠植物的了解，弘扬生态文明，在园区建成沙漠风情园，集中展示来自世界各地的沙生植物和仙人掌多肉植物共600余种。重庆市酉阳县坚持突出主题树种、打造特色景观、丰富生态文化的理念，建成不同类型生态公园20余个。梁希森林公园一期工程在浙江湖州市正式动工，公园由主入口景区、梁希林业科研科普区、生态论坛区、古梅花观道教文化区、茶山田园休闲活动区、森林水岸疗养区、山体生态游览区七大景区组成，为当地居民了解生态知识、感受生态文化提供了重要场所。甘肃省天水市麦积区在城区建起的景观生态长廊，成为当地市民健身娱乐、休闲观光的好去处。云南省楚雄州建成茶花精品园，为各地游客领略云南茶花文化开辟了渠道。陕西省宝鸡市千湖国家湿地公园开园，成为当地最早建成的人与自然和谐、自然保护与生态旅游相统一的综合性国家湿地公园。

3. 生态文化教育示范基地

各地各部门把生态文化教育示范基地作为普及生态知识的重要载体，作为弘扬生态文明理念的重要平台，逐步完善体制机制，不断加大建设力度。全国新建各类生态文化（生态文明）教育示范基地67处，比2010年增长26.42%。国家林业局、教育部、共青团中央、中国生态文化协会授予善洲林场、复旦大学、江西环境工程职业学院、河南新乡市凤凰山森林公园、辽宁仙人洞国家级自然保护区、湖北太子山国家森林公园、宁夏灵武白芨滩国家级自然保护区、浙江松阳卯山国家森林公园、福建灵石山国家森林公园、山东威海市环翠区桥头镇、重庆缙云山国家级自然保护区11家单位“国家生态文明教育基地”称号，使国家生态文明教育基地达到41家。辽宁盘锦鼎翔农工建（集团）有限公司和关门山国家森林公园被命名为“辽宁省生态文化教育示范基地”。新疆维吾尔自治区林业厅、文明办、绿化委员会、教育厅和团委授予库尔勒市荒山绿化工程、艾比湖湿地国家级自然保护区、沙湾县三道河子林场森林公园、新源县阿勒玛勒乡中学和科桑溶洞国家森林公园5家单位“自治区生态文明教育基地”称号。

（二）生态文化产品

1. 生态文化理论研究

在研究方法上，更加注重将理论研究和实践总结结合起来，更加注重将单一学科探讨和交叉学科分析结合起来，更加注重将自主创新和吸收借鉴结合起来。在研究内容上，围绕实现绿色增长，深化了对林业在转变经济发展方式、推动科学发展中重要作用的研究；围绕应对气候变化，深化了对林业在增加森林碳汇、实现间接减排中独特作用的研究；围绕建设生态文明，深化了对林业在弘扬生态文化、倡导人与自然和谐相处理念中关键作用的研究。同时，加强了对城市森林建设、生态文化建设指标体系、生态文明建设定量评价、林业改革等重大课题研究的广度和深度，形成了一大批具有影响力和指导性的学术成果。《非物质文化遗产保护与生态文化建设》、《对城市森林建设热潮的社会经济学分析》、《对我国快速城镇化进程中城市绿化建设的观察与思考》、《生态文化该怎样融入森林旅游的发展》、《生态文化与可持续发展》、《对当前城市绿化建设现状与未来发展方向的思考》、《林下经济中森林旅游业的生态文化建设》等学术论文和《森林文化与生态文明》、《林业经济论》等学术专著围绕生态建设与生态文明建设亟待解决的重大问题，深入分析、严密论证，提出了许多具有建设性的意见和建设，为更好地推动实践奠定了坚实的理论基础，客观展示了当前我国生态理论研究的现状和水平。

2. 生态文艺创作

报告文学、诗歌、散文、小说、文艺评论、摄影、影视、音乐、美术等各种体裁的生态文艺优秀作品层出不穷，以国际森林年征文大赛、生态美文评选活动为代表的生态文艺创作活动空前活跃。报告文学《青青的油茶树》，诗歌《春天的柳》、《愿我化作一棵祁连云杉》，散文《遥远的村庄》、《山还是那座山》，文艺评论《感悟自然　沉思生态》、《用生态情怀为世界添一抹鲜绿》，歌曲《我们是中国林业人》，图片《冬日向海》，歌词《梦里水乡》、《林业工人之歌》，电影文学剧本《梦萦张家界》成为年度生态文艺创作精品。电影《杨善洲》制作完成并在全国院线上映，获得第十四届中国电影华表奖“优秀故事片”和“优秀男演员”两项大奖。反映林改艰辛历程、展示林改显著成效的主旋律影片《踏界》在央视电影频道播出，木商文化纪录片《锦屏文书》和电视剧《大海林》拍摄完成，以原山林场党委书记孙建博的先进事迹为蓝本的电影《完美人生》、改编自杨善洲生前事迹的电视剧《不曾见过你》和护鸟励志故事片《雁语》开机拍摄。高清电视纪录片《大漠长河》在中央电视台播出，该片以荒漠化这一困扰全球的生态问题为着眼点，在沙漠形成、沙漠治理等诸多方面进行科学普及式的讲述，对中国防沙治沙的历史过程进行了详细梳理，在一定程度上填补了中国荒漠化防治历史中的影像空白。第二届中国伊春森林音乐会成功举办，音乐会以“保护森林，珍爱家园”为主题，充分展示伊春作为“中国林都”的自然山性和风采，成为集生态保护、科学研讨、休闲旅游于一体的盛会。

（三）生态文化传播

1. 社会媒体传播

中央和地方各级新闻媒体以多种形式广泛深入地宣传林业，准确解读中央和地方各级党委政府出台的林业发展和生态建设政策措施，全面反映各地林业改革发展的生动实践，大力宣传在推进生态文明建设过程中涌现出来的先进典型和模范人物，为引导社会各界关注、支持和参与林业生态建设发挥了重要作用。人民日报、新华社、中央人民广播电台、中央电视台、经济日报、中国网络电视台、凤凰卫视等媒体，围绕实现绿色增长、保障改善民生、造林绿化、集体林改、防沙治沙、森林防火、湿地和野生动物保护等主题，开设专栏，制作专版，编发专题，多角度、全方位报道林业发展和生态建设取得的成效与面临的困难，为推动现代林业科学发展营造了良好的舆论氛围和社会环境。各大综合网站以多种形式积极倡导生态文明理念，成为传播生态文化的主阵地。中国政府网、新华网、人民网、中国新闻网等大型网站，根据自身特点，以网络访谈、专题链接等多种形式，广泛开展主题鲜明、内容丰富的宣传活动。新浪、搜狐、腾讯、百度等门户网站，针对受众需要，在及时编发各种生态资讯和生态知识的同时，通过增加链接转载纸质媒体重要文章的方式，增强了生态文化传播的深度，提升了生态文化传播的效果。关注森林网、中国生态网、中国林业新闻网等专业网站，立足资源优势，以国际森林年、APEC首届林业部长级会议、纪念全民义务植树30周年、全国林下经济现场会、第四次全国荒漠化沙化监测结果公布等重大活动的举办为契机，推出大量专题报道，形成了强大的宣传声势，深化了社会公众对林业地位和作用的认识。据不完全统计，中央主要新闻媒体和主要新闻网站刊发各类林业和生态报道达到14 500余篇（条），较2010年增长了3.57%。

2. 林业报刊图书出版

《中国绿色时报》、《中国林业》、《生态文化》、《森林与人类》等中央林业报纸杂志，围绕构建繁荣的生态文化体系，适应信息传播方式发展变化的新形势，进一步提高办报办刊质量和水平，增强报刊的可读性和生态文化传播的有效性。《中国绿色时报》在“生态文化”副刊增设“木文化”、“优秀生态影片”、“生态文化名人访谈”、“民族生态文化”、“绿色影视”、“生态美文”等栏目，刊发文章推介优秀生态文艺作品，介绍生态文化方面的名人轶事，以多种形式弘扬生态文化，倡导人与自然和谐相处。《云南林业》、《绿色天府》、《浙江林业》、《绿化与生活》等地方林业期刊，突出地方特色，深入挖掘当地生态文化资源，增加生态文化作品刊载版面，成为普及生态文化知识，传播生态文明理念的重要载体。林业图书出版事业迈上新台阶，满足不同层次需要，适于不同受众群体的各类图书日益丰富。技术类图书《桂花苗木培育实用技术》，史志类图书《楚雄州林业志（第二部）》，人物类图书《时代先锋——孙建博》，文集类图书《赣鄱大地的绿色之歌》，理论专著《林业经济论》，儿童读物《麋鹿的故事》，大型画册《山水蕲春》、《生态甘肃·林业自然保护区》出版发行。

3. 展览展会论坛

特色鲜明的各种展览、展会、论坛，内容更为丰富，形式更为多样，为推动生态文化建设发挥了十分重要的促进作用。首届全国绿色生态动漫作品展、“林改改变生活”全国摄影大展、“绿动中国——少儿美术大赛”、中国林业美术家作品展、“百树颂”书法展、“生态文明”摄影展等大型展览，突破以往展览手段单一的局限，图文并茂，声光电相结合，将普及生态知识贯穿观众参观的全过程，增强了生态文化传播的吸引力和感染力。2011西安世界园艺博览会、第二届中国国际林业产业博览会、第二届中国湿地文化节、第六届中国竹文化节、首届中国核桃节、首届中国金银花节、2011中国森林旅游节、第七届海峡两岸林业博览会、第十一届中原花木交易博览会、2011中国森林旅游博览会等大型展会，丰富了人们精神文化生活，提升了社会公众生态文明素养。第八届中国城市森林论坛、第四届中国生态文化高峰论坛、中国—东盟城市森林论坛、亚洲湿地论坛、全球绿色城市高峰论坛、首届中国自然保护论坛、库不齐国际沙漠论坛、森林碳汇论坛、首届全国红木产业高峰论坛等大型论坛，针对生态文化和生态文明建设领域的前沿课题，深入交流，广泛研讨，为推动生态文化建设发挥了重要推动作用。

（四）生态文化队伍

1. 理论研究队伍

以加强理论研究机构、强化理论人才培养为重点的生态文化理论研究队伍建设取得新的成效。福建农林大学海峡两岸现代林业研究中心揭牌成立，其主要任务是加深两岸现代林业交流合作，集合两岸专家围绕现代林业发展的重大核心问题开展科技攻关，为海峡两岸现代林业发展提供强有力的智力保障和科技支撑。杨善洲精神研究会在昆明成立，该会旨在广泛收集、深入挖掘、系统研究杨善洲精神的丰富内涵、时代价值、形成特点和规律，推出具有宣传、实践、理论和制度价值的成果，为加强干部教育、提高干部素质、推动科学发展、促进社会和谐提供理论支撑。北京林业大学在江西环境工程职业学院设立专业硕士教学点，面向南方重点林区培养高层次林业专业技术人才。

2. 文艺创作和文化管理队伍

生态文艺创作和文化管理队伍建设稳步推进。在生态问题日益成为社会关注焦点的大背景下，更多的文艺爱好者和工作者，特别是知名的文艺家投身生态文艺创作。许多从事影视创作、广告创意、文化传媒的公司组织，将创作题材的重点转向生态建设和保护，成为开展生态文艺创作、发展生态文化产业的主力军。各地开展的文学比赛、摄影大赛、美术展览、文艺汇演等生态文艺活动，有力地吸引社会公众参与到生态文艺创作之中。全国第一家县级生态文化协会在浙江安吉县成立。各级各地林业宣传文化部门，进一步加大生态文化建设管理人才的培养力度，通过加强培训、交流使用等多种途径，提升生态文化建设管理人员的工作能力和业务素质。

专栏6 第八届中国城市森林论坛

由关注森林活动组委会举办，国家林业局、全国政协人口资源环境委员会、辽宁省人民政府、经济日报社联合主办，大连市人民政府承办的第八届中国城市森林论坛于2011年6月18～19日在大连举行。中共中央政治局委员、全国政协副主席、关注森林活动组委会主任王刚同志亲自出席论坛并作了重要讲话。讲话站在党和国家工作全局的高度，充分肯定了开展关注森林活动和举办中国城市森林论坛、创建国家森林城市取得的积极成效，明确要求关注森林活动要为加快转变经济发展方式、积极应对气候变化、维护国家生态和能源资源安全、建设宜居环境做出新贡献，赋予了关注森林活动全新的定位和更加丰富的内涵。贾治邦局长在论坛上发表了重要讲话。讲话科学阐述了发展城市森林对推动城市科学发展、提升城市居民幸福指数、建设生态文明、现代林业建设的重大作用，全面总结了我国城市森林建设的成功做法和宝贵经验，明确提出要在建立健全机制、突出建设重点、规范创建活动上下工夫，推进城市森林建设又好又快发展。关注森林活动组委会各成员单位的主要负责同志，73个城市的市长、专家学者、各省林业厅（局）的负责同志以及新闻媒体记者等450多位代表参加了论坛。论坛以“城市森林、绿色经济、幸福家园”为主题，论坛期间，辽宁省大连市、吉林省珲春市、江苏省扬州市、浙江省龙泉市、河南省洛阳市、广西壮族自治区梧州市、四川省泸州市、新疆维吾尔自治区石河子市被授予“国家森林城市”称号。

F

P61-78

改革、政策与法制

- 林业改革
- 林业政策
- 林业法制

改革、政策与法制

2011年，我国林业改革、政策制定和法制建设工作稳步推进，取得新的突破。在林业改革方面，全国集体林权制度改革（以下简称林改）工作取得新的进展，集体林权制度改革明晰产权任务基本完成，国有林场和国有林区改革试点稳步推进，印发国有林场改革试点指导意见，启动国有林场改革试点工作，出台《国有林场管理办法》，开展国有林区改革调研，召开国有林区国有森林资源管理体制研讨会，进一步深化国有林区改革。在林业政策方面，国家出台了支持天保工程、退耕还林工程、自然保护区管理、林木良种基地等生态建设政策，林地林权管理以及森林旅游和木本油料产业发展扶持政策；国家出台了支持林业发展财政金融政策，中央财政造林和林木良种补贴试点范围扩大、补贴标准提高，中央财政工程人工造林和木本油料造林补助标准提高，中央财政森林保险保费和森林抚育、湿地保护补助试点范围进一步扩大，农林综合利用产品继续享受增值税优惠政策。在法制建设方面，林业立法、执法及执法监督和普法工作进一步加强，《森林法》修改和《湿地保护条例》的立法工作稳步推进，颁布实施了《国家级森林公园管理办法》、《大熊猫国内借展管理规定》两件部门规章，公布了现行有效部门规章目录，开展了农村土地承包法执法检查和"亮剑"、"清网"等专项行动，依法办理行政复议案件20起，表彰"五五"普法先进，制定印发"六五"普法规划，全面启动林业"六五"普法工作。

（一）林业改革

2011年，我国林业改革发展取得了新进展。

1. 集体林权制度改革

2011年，各地认真贯彻落实全国人大常委会对《国务院关于集体林权制度改革工作情况的报告》的审议意见和全国林下经济现场会议的精神，不断加大工作力度，着力深化改革，取得了明显成效。

全国人大常委会审议集体林权制度改革工作　2011年4月，全国人大常委会第二十次全体会议听取并审议了《国务院关于集体林权制度改革工作情况的报告》，会议对林改工作给予了充分肯定和高度评价，同时对进一步推进集体林权制度改革提出了许多重要的意见和建议。国家林业局党组对贯彻落实审议意见做出了全面部署，派出10个督导检查组，分赴31个省（自治区、直辖市）宣讲全国人大常委会审议意见精神，重点围绕林地确权率、家庭承包率、纠纷调处率、发证到户率检查各地确权发证和完善政策措施情况，总结各地发展林下经济的典型经验，督导检查各省（自治区、直辖市）集体林权制度改革工作。

据统计，10个督导检查组共督导检查80多个县（市、区），召开各级座谈会200多次，访谈农民1 100多人次，宣讲会参会人员达7 000多人。

地方党政领导干部林改专题研究班 为系统研究和解决集体林权制度改革分山到户后林业如何发展、农民如何致富等重大问题，受中央组织部委托，国家林业局于2011年在福建永安市举办了地方党政领导干部林改专题研究班，同时召开了全国深化集体林权制度改革会议，全国107个林改典型县的分管副书记（副县长）、各省（自治区、直辖市）林业厅（局）分管厅（局）长和林改处长参加培训和会议。全国政协主席罗福和出席会议并作重要讲话。中央农村工作领导小组办公室主任陈锡文作专题报告。来自全国人大、财政部、中国人民银行、中国保监会、中国人民大学等单位的10位专家教授作了专题讲座。10个林改典型单位介绍了经验。全体参训学员和参会代表考察了永安市深化集体林权制度改革的现场，学习了永安市的典型经验。

全国林下经济现场会议召开 2011年10月9～10日，全国林下经济现场会在广西召开，对今后一个时期的全国林下经济工作进行了安排部署。会议强调，大力发展林下经济，要重点把握好四个关键环节：一要因地制宜、科学规划。要在充分调查研究的基础上，根据当地自然条件、林地资源状况、经济发展水平、市场需求情况等，科学制定林下经济发展规划。二要完善政策、积极扶持。积极争取财政部门支持，设立林下经济发展专项资金，帮助农民解决水电路等基础设施落后问题。大力培育主导产业、优势产品和重点产区，推进规模化、产业化、标准化经营。通过争取财政投入、受益者出资等方式，多渠道筹集生态公益林补偿资金，尽快提高补偿标准，调动农民管护生态公益林的积极性。三要强化服务、引导合作。加强对林下经济工作的指导和服务，为农民提供全方位的科技服务与技术培训，帮助解决资金、技术、生产、销售等问题。积极培育适宜林下种植、养殖的新品种和好品种，不断提高林产品产量和质量。重点研发林产品采集加工新技术、新工艺，延长林下经济产业链，提升产业素质和产品附加值，增加农民收入。四要树立典型、示范带动。抓好试点示范，及时推广典型经验。广西、浙江、辽宁、安徽黄山区、陕西宁陕县、重庆秀山县介绍了发展林下经济的典型经验。会议还总结推广了100多个典型县发展林下经济的经验和做法。

在这三个重大决策和部署的推动下，全国集体林改工作取得新的进展，具体表现为：

明晰产权任务基本完成 全国已确权林地面积17 846.67万公顷，占集体林地面积的97.8%，占各地纳入林改面积的97.91%。全国已经发放林权证超过1亿本，其中2011年新发证2 257万本，发证面积累计达15 793.33万公顷，占纳入林改总面积的86.65%，发证户数8 784万户，占涉及林改的1.5亿农户的58.72%，林改以来，已调处林权纠纷86.7万起，调处率为93.37%，涉及面积555万公顷。

林权抵押贷款增长明显 全国有27个省（自治区、直辖市）开展了林权抵押贷款工作。抵押贷款面积256.71万公顷，贷款金额529.9亿元，比2010年增加了64.57%，平均每公顷贷款20 640元。其中：农民抵押贷款面积145.76万公顷，抵押贷款金额255.99亿元，比2010年增加了96.4%，平均每公顷贷款17 565元。

森林保险快速发展 有20个省（自治区、直辖市）开展了森林保险，投保面积5 146.67万公顷，比2010年增加了62.53%，保险金额3 279.77亿元，增长59.07%，保费7.92亿元，增长107.33%，其中补贴6.76亿元，增长了139.72%，平均每公顷保险金额6 375元，平均每公顷保费15.45元，保费费率0.24%。

林权交易服务平台初步建立 全国有27个省（自治区、直辖市）成立县级及以上的林权管理服务机构（包括综合服务中心中设立的交易机构）1 065个，比2010年增长25.15%，成立745个森林资源资产评估机构，其中有资质的森林资源资产评估机构323个，据不完全统计，有资质的森林资源资产评估咨询人员2 835人。林改以来，全国累计发生集体林地流转面积1 080万公顷，占已确权林地的6.05%。

林业专业合作组织发展方兴未艾 全国共建立林业专业合作组织9.78万个，比2010年增长3.49%，加入合作组织的农户1 260.71万户，合作组织经营林地面积1 333.33万公顷，占已确权林地的7.47%。合作组织中，林业专业合作社3.17万个，增长78.09%；加入合作社的农户为530.91万户；合作社经营的林地面积为556.05万公顷，增长14.35%，占已确权的林地总面积的3.12%，占合作组织总面积的41.72%。

林下经济快速发展 据统计，2011年，全国林下经济产值达2 081.61亿元，参与农户5 770.45万户。其中林下种植1 189.84亿元，林下养殖597.42亿元，森林景观利用97.19亿元，林下产品采集加工197.16亿元。

增收贡献稳步提升 林改涉及1.50亿农户，5.66亿农民。据30个省（自治区、直辖市）的不完全统计，2011年林改县农民人均年收入为6 435元，其中来自林业的收入1 203元，占总收入的18.69%；来自林下经济的收入367元，占林业收入的30.51%。

林改机构建设不断加强 为了顺利推进集体林权制度改革，各地继续加强了对集体林权制度改革的组织领导，2011年新增各级林改工作机构713个。累计有330个市、2 647个县、3.38万个乡的党委、政府成立了林改领导小组，林改培训人数累计达3 312.3万人。为了强化林权服务管理职能，各地经编办批准成立的林权管理、流转服务、政策咨询、综合服务于一体的林权管理服务机构已达1 210个，核定编制6 353人，办公场所16.4万平方米。

2. 国有林场改革

印发国有林场改革试点指导意见 2011年1月，国家发改委办公厅、国家林业局办公室《关于印发开展国有林场改革试点的指导意见及组织申报国有林场改革试点工作的通知》。《通知》明确，试点坚持因地制宜、分类指导，统筹兼顾、突出重点，以人为本、保障民生，中央指导、地方负责的原则。试点工作原则上在两年内完成。试点内容主要包括5个方面：一是改革国有林场领导体制。结合地方实际，探索新的国有林场领导模式和管人、管事、管资产相结合的森林资源管理体制；二是理顺国有林场管理体制。在整合重组国有林场的基础上划分生态公益型和商品经营型林场，探索两类林场划分标准和办法；探索公益林和商品林的经营管理方式等；三是创新生态公益型林场经营机制。强化公益属性，逐步剥离生态公益型林场直接从事的商品经营性活动。生态公益型林场的造林、抚育、低产林改造、森林采伐以及其他生产性活动，也要引入市场机制。深化人事和收入分配制度改革；四是创新商品经营型林场经营机制。在确保国有森林资源资产保值增值的前提下，全面推行企业化管理，实行股份制、股份合作制、承包经营等多种形式激活发展活力，实行劳动合同制度，探索多种分配方式，建立激励约束机制等。五是解决历史遗留问题。妥善解决职工和退休人员社会保障问题，分离林场办社会职能，多渠道安置富余职工，化解国有林场债务等。

启动国有林场改革试点工作 根据2010年国务院第111次常务会议精神，以及国家林业局会同国家发改委于2011年1月19日联合下发了《关于开展国有林场改革的指导意见》，选择部分具有代表性的省份先行开展国有林场改革试点，进一步总结经验，稳步推进改革工作。按照《通知》要求，正式提出试点申请的有河北、吉林、黑龙江、浙江、安徽、江西、山东、湖南、广东、重庆、贵州、云南、西藏、陕西、甘肃15个省（自治区、直辖市）。其中浙江、江西、湖南、重庆为改革整省（直辖市）推进，其他省份选择部分市、县开展国有林场改革试点。

2011年9月5日，国家林业局会同国家发改委召开了国有林场和国有林区改革工作小组第二次小组会议，原则同意江西、湖南、浙江、安徽、河北、山东和甘肃7个省作为全国国有林场改革试点地区，并对下一步国有林场改革试点工作进行了部署。10月17日，国家林业局会同国家发改委联合下发了《关于开展全国国有林场改革试点工作的复函》，同意江西、湖南、浙江、安徽、河北、山东和甘肃开展全国国有林场改革试点，其中江西和湖南为整省范围开展试点，其他省选择部分地区开展试点，标志着全国国有林场改革试点工作正式启动。10月31日，国家林业局会同国家发改委和财政部召开了国有林场改革座谈会，进一步明确了改革重点和应当把握的环节，对国有林场改革试点工作提出了具体要求。

出台《国有林场管理办法》 2011年11月，国家林业局颁布实施了《国有林场管理办法》（以下简称《办法》）。《办法》共分6章48条，主要内容：一是明确了国有林场性质，规定了新时期国有林场办场方针和主要任务。二是规定了国有林场管理机构主要职责。三是规范了国有林场设立、变更和撤销。四是加强了国有森林资源资产管理。五是规定了国有林场权利和义务。六是规定了国有林场组织机构。《办法》的实施，为保护我国珍贵国有森林资源提供了重要依据，成为国有林场改革顺利推进的有效保障。

3. 国有林区改革

深入开展重点国有林区改革调研 对内蒙古五岔沟、白狼林业局的国有林区家庭管护承包经营、产业发展等情况进行专题调研，进一步总结五岔沟林业局兴办家庭生态林场开展森林资源管护承包的经验，了解管护承包经营存在的不足，提出了完善机制的意见和建议。会同国家发改委体改司，就吉林省森工企业改革的总体情况、面临的主要问题进行了调研；会同国家发改委、财政部、人力资源社会保障部、住建部、银监会等部门，对内蒙古森工集团、大兴安岭森工集团国有林区和国有森工企业改革的总体情况、取得的成效和面临的主要问题进行了调研。

组织召开国有林区国有森林资源管理体制研讨会 邀请山西、陕西、甘肃、新疆、青海5省（自治区）的有关国有林区经营、管理人员到会研讨，借鉴有关省（自治区）国有森林资源的管理体制、经营机制方面的经验，进一步研究了东北、内蒙古重点国有林区森林资源管理体制改革思路，就深化重点国有林区改革的总体思路达成了一致意见，即必须以科学发展观为统领，以《中共中央国务院关于加快林业发展的决定》和中央林业工作会议精神为指导，建立“政事企分开”，权责利相统一，管资产和管人、管事相结合的国有森林资源统一管理体制，全面实施以生态建设为主的林业发展战略，努力构建生产发展、生活富裕、生态良好的和谐林区。

（二）林业政策

2011年，林业政策取得新进展、新突破。

1. 林业生态建设政策

退耕还林工程造林中央补助标准提高 2011年7月，国家发改委、国家林业局联合下发了《关于下达退耕还林工程配套荒山荒地造林2011年中央预算内投资计划的通知》，将退耕还林工程配套荒山荒地人工造乔木林种苗造林补助费标准从2009年的3 000元/公顷进一步提高到4 500元/公顷，一定程度上解决了各地种苗造林费补助不足的问题，有利于减轻基层负担，提高造林质量。

巩固退耕还林成果专项规划适当调整 根据2010年国家发改委、财政部、水利部、农业部、国家林业局《关于适当调整巩固退耕还林成果专项规划有关事项的通知》要求，各地对专项规划进行了适当调整，2011年有关部门对各工程省（自治区、直辖市）调整后的《巩固退耕还林成果专项规划》进行了严格的审核和批复，国家发改委、财政部、水利部、农业部、国家林业局分别于2011年4月和6月下发了《关于巩固退耕还林成果专项规划调整和2011年度建设任务的批复》和《关于北京等9省（自治区、直辖市）巩固退耕还林成果专项规划调整和2011年度建设任务的批复》。

《退耕还林工程退耕地还林阶段验收办法》修订出台 为进一步满足退耕还林工程退耕地还林阶段验收工作需要，确保阶段验收工作顺利开展，2011年1月，国家林业局印发了修订后的《退耕还林工程退耕地还林阶段验收办法》。本次修订的总体思路是维持原试行办法的主体框架和内容不变，根据近年反映的技术问题，结合实际操作执行情况，对试行办法中技术标准、调查方法、质量管理办法内容进行明确和完善。本办法自公布之日起执行，原《退耕还林工程退耕地还林阶段验收办法（试行）》同时废止。

自然保护区管理政策 2011年8月，国家林业局下发了《关于进一步加强林业系统自然保护区管理工作的通知》，就贯彻落实国务院办公厅《关于做好自然保护区管理有关工作的通知》精神提出了5条意见。一是进一步提高对加强自然保护区建设管理工作的认识。二是明确发展目标，扩大生物多样性保护成效。林业主管部门在“十二五”期间，拟在自然保护区空缺的区域增加自然保护区数量和面积，使自然保护区数量达到2 120处，占国土面积13%左右，使自然保护区的级别、布局、结构得到进一步优化；使国家重要生态区域、生物多样性保护关键地区的保护得到进一步加强。要进一步推进《全国林业自然保护区发展规划（2006～2030年）》的实施，优先围绕珍稀濒危动物和极小种群植物的保护拯救建立和晋升自然保护区。三是依法履行职责，加大生物多样性保护力度。各级加快落实“一区一法”，国家级自然保护区要争取由地方人大或政府颁布保护管理条例或办法，力争在3～5年内完成，规范自然保护区总体规划编制并强化执行监管。四是依靠科学技术，提高自然保护区的管理水平。积极推进示范自然保护区建设，加快建立自然保护区监测网络体系，使自然保护区科学监测工作常规化和规范化，逐步建立向社会公布自然保护区生态监测信息及生态状况的公告制度。五是落实保障措施，推动自然保护区健康发展。落实自然保护区的生态效益补偿机制。各省级林业主管部门在安排天然林资源保护、国家和省级生态公益林补偿和湿地保护补助资金时，要将自然保护区单列。各省级林业主管部门要积极主动争取地方政府和有关部门的支持，将省级以上自然保护区的日常管理经费纳入省级财政，落实地、县自然保护区的日常管理和建设经费。

林木良种基地管理政策 2011年5月，国家林业局出台了《国家重点林木良种基地管理办法》，国家重点林木良种基地明确了各级管理机构的职责和任务，规范了国家重点林木良种基地申请与确定程序。《办法》规定，国家重点林木良种基地应具备8个基本条件：基地自然条件适合建设树种生长发育，区域布局合理，当地或生态条件相似地区对选育树种的种子（穗条）、苗木有长期或潜在的需求；对选育树种开展了系统研究，收集保存了丰富的育种资源，且保存完好；具备一定生产规模和发展潜力，生产用地规模不少于20公顷且不能为租赁土地；机构健全，人员配备合理，具备一定技术力量，专业技术人员不少于2人；建设与管理规范，各项管理制度健全，档案资料齐全且保存完整；重视生产与科研相结合，与科研、教学单位有长期合作关系，有技术力量较强的单位作为科技支撑单位；具有《林木种子生产许可证》、《林木种子经营许可证》；经省级林业主管部门确定为“省级重点林木良种基地”1年以上。

2. 林地林权管理政策

占用征收林地定额管理政策 2011年4月，国家林业局下发了《占用征收林地定额管理办法》（以下简称《办法》）。占用征收林地定额是国务院批复的《全国林地保护利用规划纲要（2010～2020年）》中确定的约束性指标。《办法》明确占用征收林地定额实行5年总额控制，允许年度间调剂使用，作为县级以上地方人民政府目标责任制的重要内容。《办法》规定，临时占用林地、森林经营单位在其所经营的林地范围修筑直接为林业生产服务的工程设施占用林地，不纳入占用征收林地定额管理。《办法》要求，林地定额使用应当以严格保护为前提，节约集约使用林地，优先保障重点基础设施建设项目用地，严格控制林地转为建设用地，确保森林面积占补平衡。占用征收林地定额管理实现了占用征收林地行政许可由无数量限制向有数量限制的转变，林地供给模式由需求主导型向供给引导需求型的转变，促进了节约集约利用林地，提高了林地利用效率和效益。

商品林采伐限额结转管理政策 2011年11月，国家林业局下发了《商品林采伐限额结转管理办法》（以下简称《办法》），规范商品林采伐限额结转管理。《办法》明确，商品林采伐限额结转的申请主体为编制森林采伐限额单位，非编限单位不得作为主体申请结转，商品林采伐限额结转限于限额执行期内，经批准结转使用的采伐限额，由申请主体所在地林业主管部门在当地进行公示。商品林采伐限额结转后的使用管理按国家相关法规和政策执行。除天然林采伐限额可以用于人工林采伐、森林主伐限额可以用于商品林抚育采伐和其他采伐外，其余采伐限额结转前后结构类型应当保持一致。

3. 产业发展支持政策

森林旅游产业发展支持政策 2011年11月，国家林业局国家旅游局联合印发《关于加快发展森林旅游的意见》，明确了发展森林旅游的指导思想、基本原则、总体目标、主要任务和保障措施。发展森林旅游的政策及保障措施：科学规划，将森林旅游纳入全国旅游发展规划，编制《全国森林旅游发展规划》及各省、自治区、直辖市森林旅游发展规划；完善法规、标准，明确森林的游憩功能，确立森林旅游发展的法律地位，完善森林旅游标准体系；加大投入力度，各级林业、旅游行政主管部门要紧密合作，积极争取将森林旅游发展纳入各地经济社会发展规划，加大对森林旅游基础设施建设的投入，扩大林业信贷对森林旅游的扶持，积极推进金融机构的信贷支持。

木本油料产业发展支持政策 2011年3月，财政部下发了《关于整合和统筹资金支持木本油料产业发展的意见》，决定从2011年起整合和统筹现代农业生产发展十项涉农资金扶持油茶等木本油料产业发展。整合和统筹安排涉农资金有：现代农业生产发展资金、财政扶贫资金、农业综合开发资金、林木良种补贴试点资金、巩固退耕还林成果专项资金、造林补贴试点资金、林业科技推广示范资金、国家水土保持重点建设工程补助专项资金、林业贷款中央财政贴息资金以及农业保险保费补贴资金共10项资金，用于扶持木本油料优质种苗培育、基地建设（新造、抚育和低产林改造）、新品种和新技术推广、龙头企业种植加工以及金融支持等环节。地方资金整合和统筹范围，由各地根据本地区实际情况和木本油料产业发展需求确定。

《意见》明确，在分配林木良种补贴试点资金、巩固退耕还林成果专项资金、造林补贴试点资金、林业科技推广示范资金、林业贷款中央财政贴息资金、农业综合开发资金等六项资金时，明确有关省（自治区、直辖市）用于支持木本油料产业发展的资金数额。鼓励有关省（自治区、直辖市），分别整合和统筹安排现代农业生产发展资金、财政扶贫资金、农业保险保费补贴资金、国家水土保持重点建设工程补助专项资金用于支持木本油料产业发展。

2011年，全国共整合资金40.11亿元用于支持木本油料产业发展，其中，中央整合资金26.15亿元，地方整合13.96亿元，有18亿元用于油茶产业发展。

4．林业财政金融政策

中央财政湿地保护补助资金管理办法颁布实施 2011年11月，财政部、国家林业局关于印发《中央财政湿地保护补助资金管理暂行办法》（以下简称《办法》）的通知，《办法》明确中央财政湿地保护补助资金主要用于林业系统管理的国际重要湿地、湿地类型自然保护区及国家湿地公园开展湿地保护与恢复相关支出，建立了湿地保护补助的长效机制。补助资金主要用于：①监测、监控设施维护和设备购置支出。具体包括：监测和保护站点相关设施维护、巡护道路维护、围栏修建、小型监测监控设备购置和运行维护等所需的专用材料费、购置费、人工费、燃料费等；②退化湿地恢复支出。具体包括：植被恢复、栖息地恢复、湿地有害生物防治、生态补水、疏浚清淤等所需的设计费、施工费、材料费、评估费等；③管护支出。湿地所在保护管理机构聘用临时管护人员所需的劳务费等。

2011年7月，财政部下发《关于拨付2011年湿地保护补助资金的通知》，2011年继续实施中央财政湿地保护补助政策，实施湿地保护补助项目68个，投入补助资金1.97亿元。

中央财政林木良种补贴试点政策 2011年6月，财政部、国家林业局印发《关于开展2011年林木良种补贴试点工作的意见》，继续对国家重点林木良种基地建设和林木良种苗木培育给予补贴。与2010年相比，林木良种苗木培育补贴试点对象新增湖北和贵州，以及龙江森工集团，补贴培育良种苗木扩大到5亿株，新增支持发展油茶、核桃、油橄榄等内容，每株良种苗木补贴0.5元，其他树种每株良种苗木补贴0.2元。其他试点对象、试点任务、补贴标准和补贴资金支出范围不变。通过林木良种补贴试点，国家重点林木良种基地生产能力显著提升。2011年纳入补贴的种子园生产种子34.6万千克，比2009年提高47%；采穗圃生产穗条3.91亿条，比2009年增加187%。

中央财政造林补贴试点范围扩大，标准提高 2011年6月，财政部、国家林业局联合下发《关于开展2011年造林补贴试点工作的意见》，决定2011年继续开展造林补贴试点工作。《意见》明确了中央财政造林补贴试点原则、范围，补贴对象和标准、资金拨付政策，以及相关工作要求。与2010年相比，中央财政造林补贴试点实施范围由20个省（自治区）扩大到除北京、上海外的29个省（自治区、直辖市）及宁波、青岛两个计划单列市，补贴对象不变，木本油料经济林中央财政补贴标准由每亩160元提高到200元，其他补贴标准不变。2011年安排中央财政造林补贴试点资金5.4379亿元，比2010年增长73%，其中，直接补贴4.9435亿元，间接补贴0.4944亿元。

中央财政造林补贴试点工作实施两年来，取得了以下成效。一是中央财政造林补贴试点政策使林业重点工程以外的造林得到了中央资金扶持，有效缓解了群众造林资金不足的压力，进一步调动和激发了全社会特别是广大群众参与造林的积极性。二是通过少量的资金补贴带动了大批社会资金投入造林绿化事业。三是中央财政对相关造林主体进行直补，拉动了与造林绿化相关产业的发展，为当地富余劳力提供了就业机会，提升了造林主体的就业能力。四是造林补贴试点的实施，为集体林权制度改革后实现联合经营、规模经营、集约经营探索了路子，积累了经验。五是实行先造林、后验收兑付补贴资金的报账制，从政策机制上促进了造林主体注重造林质量，促进了良种壮苗的推广使用，提高了造林良种使用率。

天然林保护工程（二期）实施企业和单位房产税、城镇土地使用税政策 2011年9月，财政部、国家税务总局印发《关于天然林保护工程（二期）实施企业和单位房产税 城镇土地使用税政策的通知》，明确2011～2020年国家对长江上游、黄河中上游地区，东北、内蒙古等国有林区天然林二期工程实施企业和单位专门用于天然林保护工程的房产、土地免征房产税、城镇土地使用税。对上述企业和单位用于其他生产经营活动的房产、土地按规定征收房产税、城镇土地使用税。对由于实施天然林二期工程造成森工企业房产、土地闲置一年以上不用的，暂免征收房产税和城镇土地使用税；闲置房产和土地用于出租或重新用于天然林二期工程之外其他生产经营的，按规定征收房产税、城镇土地使用税。

中央财政森林保险保费和森林抚育补贴试点范围扩大 2011年7月，财政部下发了《关于2011年度中央财政农业保险保费补贴工作有关事项的通知》，明确中央财政森林保险保费补贴地区增加广东、四川和广西3个省（自治区），新增加的地区在制定森林保险方案时，应选择有条件、有能力、有意愿的市、县先行试点，待条件成熟后再逐步推开。与2010年相比，中央财政森林保险保费补贴试点地区由6个省扩大到9个省（自治区），江西、湖南、福建、浙江、辽宁、云南、广东、四川和广西9个省（自治区）纳入补贴试点范围，中央财政森林保险保费补贴比例不变，继续按商品林30%，公益林50%执行。

2011年中央财政森林抚育补贴试点规模大幅增加，由2010年的29个省（自治区、直辖市）和森工集团扩大到34个；试点任务量由2 000万亩增加到4 604万亩，共安排资金51.3亿元，比2010年增加30多亿元，试点已覆盖全国。

资源综合利用产品增值税即征即退政策 2011年11月，财政部、国家税务总局印发了《关于调整完善资源综合利用产品及劳务增值税政策的通知》，明确利用原料中比重不低于80%的油茶壳、三剩物、次小薪材资源发酵产生的沼气，进行生产的电力、热力、燃料货物产品实行增值税100%即征即退的政策，自2011年8月1日起执行；对以三剩物、次小薪材和农作物秸秆等3类农林剩余物为原料生产的木（竹、秸秆）纤维板、木（竹、秸秆）刨花板、细木工板、活性炭、栲胶、水解酒精、炭棒和以沙柳为原料生产的箱板纸等实行增值税80%即征即退的政策，自2011年1月1日起执行。

专栏7 北京市森林生态效益补偿

山区集体生态林是北京市森林资源的主体。全市生态林地面积1 275.95万亩，占全市林地面积的81.3%。其中，山区生态林面积1 164.45万亩，约占全市生态林面积的91.3%。山区生态林中，权属为集体的面积为1 060.46万亩，约占山区生态林面积的91.1%，权属为国有的面积为104万亩，约占山区生态林面积的8.9%。

政策实施进程 2004年，北京市印发了《北京市人民政府关于建立山区生态林补偿机制的通知》，明确了“养山就业、规范补偿、以工代补、建管结合”方针，使全市山区1 010.95万亩的集体生态林得到有效保护。2009年，经市政府批准，市园林绿化局、市财政局、市农村工作委员会联合印发了《关于完善本市山区生态林补偿机制的意见》。明确规定：本市山区生态林补偿机制作为一项长效机制予以坚持，新增集体生态林纳入管护范围；适当提高管护补偿标准，建立稳定的增长机制，每3年调整一次，增长10%；实行生态林管护员全员投保制度；合理调整生态林管护员轮岗时间，由原来的12月底调整为每年的6月；进一步强化各有关区县政府的主体责任，建立健全管理制度，确保各项政策措施落实到位。2010年，市政府印发了《北京市人民政府关于建立山区生态公益林生态效益促进发展机制的通知》，从2010年开始，本市建立山区生态公益林生态效益促进发展资金，按照600元/年·公顷(40元/年·亩)的标准执行，其中包括360元/年·公顷(24元/年·亩)的生态补偿资金和240元/年·公顷(16元/年·亩)的森林健康经营管理资金。今后，依据山区生态公益林的资源总量、生态服务功能和价值、碳汇量的增长情况和全市国民经济社会发展水平，每5年核定一次生态效益促进发展资金增加额度。

为规范管理，推进政策落实，市财政局、市园林绿化局印发了《北京市山区生态公益林生态效益促进发展机制森林健康经营项目管理暂行办法》和《北京市山区生态公益林生态效益促进发展资金管理暂行办法》。北京市山区生态公益林生态效益促进发展机制的建立，使长期致力于山区生态林建设的农民得到了补偿，使森林健康经营得到保障，初步实现了山区生态公益林完整意义上的生态效益补偿，有着历史性的进步意义。

政策实施内容 北京市山区生态公益林政策分为补偿政策和发展机制政策。

一是补偿政策的主要内容：

补偿的指导思想和原则。坚持以人为本，实行“养山就业、规范补偿、以工代补、建管结合”原则。农民通过上岗务林、参与生态林建设与管护实现就业，获得生态补偿资金收入。明确生态补偿资金不是救济资金、低保资金，不能按户、按人平均分配。

补偿范围。依据国家生态林划分标准，经区划界定的山区集体所有的生态林。截至2009年年底，总面积为1 010.95万亩，涉及7个山区县和海淀、丰台、顺义3个区的105个山区、半山区乡镇和1 594个村，选用生态林管护人员46 638人，按流域组建了专业队（组）2 105个。

补偿标准。根据全市山区的经济发展状况和管护任务、管护能力，将管护人员的月均工资定为400元（现调整为440元），年均工资4 800元（现调整为5 280元）。平均每亩每年投入21元。其中：中幼林类型每亩年投入补偿资金25元，成林类型每亩年投入补偿资金20元，灌木林类型每亩年投入补偿资金15元。

补偿方式。山区生态林补偿资金采取直补方式发给管护人员；生态林补偿资金由市、区县两级财政按8:2比例投入，列入财政预算，专款专用。全市年投入补偿资金2.5亿元。

生态林管护员职责和任务。开展林木抚育，监测病虫害，搞好森林防火，保护森林资源。原则上以幼林为主的管护人员管护面积不得低于100亩、高于300亩；以成林为主的管护人员管护面积不得低于200亩、高于400亩；以灌木林为主的管护人员管护面积不得低于300亩、高于500亩。

进一步完善本市山区生态林补偿机制。2009年，下发了《关于完善本市山区生态林补偿机制的通知》，市政府进一步明确规定：一是本市山区生态林补偿机制作为一项长效机制予以坚持，新增集体生态林纳入管护范围；二是适当提高管护补偿标准，建立稳定的增长机制，每3年调整一次，增长10%；三是实行生态林管护员全员意外伤害险投保制度；四是进一步强化各有关区县政府的主体责任，建立健全管理制度，确保各项政策措施落实到位等。

二是发展机制政策的主要内容：

实施范围和标准。北京市为实现“养山增效、兴林富民、科学经营、协调发展”目标，从2010年开始建立山区生态公益林生态效益促进发展资金，按照40元/年·亩的标准执行。其中生态补偿资金24元/年·亩，森林健康经营管理资金16元/年·亩。今后，依据山区生态公益林的资源总量、生态服务价值、碳汇量的增长情况和全市国民经济社会发展水平，合理核定生态效益促进发展资金增加额度，每 5 年调整一次。

资金使用管理。山区生态公益林生态效益促进发展资金由市、区县两级财政按 1:1 比例共同负担，并列入财政预算，专款专用。其中，生态补偿资金，由市、区县财政按 1:5 的比例共同负担，即市财政投入 4 元 / 年·亩，区县财政投入 20 元 / 年·亩。按照“公开、公正、公平”和“均股不分山、均利不分林”、“确权入股、确权确利”的原则，在完成集体林权制度改革，明晰林地林木产权的基础上，以行政村为单位依据山区生态公益林面积，核定资金额度，按股份分配给集体经济组织成员。生态补偿资金的发放以完成集体林权制度改革为前提，未完成集体林权制度改革或林地、林木权属不清和权属争议未解决的，暂不发放。享受政策的集体经济组织成员由相关区县政府根据具体情况研究确定。森林健康经营管理资金，全部由市财政负担，即市财政投入 16 元 / 年·亩。用于山区生态公益林林木抚育、资源保护、生态用水保障、作业道路修建等林业建设。由区县政府按照规划和年度工作方案，分项目组织实施。

规范项目管理。市财政局会同市有关部门研究制定了《北京市山区生态公益林生态效益促进发展资金管理暂行办法》，实行专款专用、专账管理。市园林绿化局研究制定了《北京市山区生态公益林生态效益促进发展机制森林健康经营项目管理暂行办法》，明确了森林健康经营的建设内容、技术措施、实施标准和管理程序，严格审核区县年度实施方案，加强组织协调和监督指导，坚持法人负责制、规划设计审批制、检查验收制等工程管理制度，做到规范管理。

政策实施效果 山区生态公益林生态效益促进发展机制实施两年来，累计投入资金 8.09 亿元，其中：生态补偿资金 4.85 亿元、森林健康经营管理资金 3.24 亿元。

山区农民得到实惠，实现了就业增收。全市确定的 46 638 名管护人员，占山区农村剩余劳动力 23.14 万名的 20.2%。其中，安排低保、低收入户人员 5 063 名，选用弃牧护林人员 2 609 名。全市年投入管护资金近 2.5 亿元，直接参加生态林管护的 43 074 个家庭年均增加收入 5 700 多元，实现了由传统“靠山吃山”向“养山就业”的重大转变。

森林资源得到保护，生态安全有了保障。2004 年以来，全市生态林管护员发放护林防火宣传材料 164 万份，制止林区违章用火 17 233 次，打防火道 1 398 万多延长米，清理林间可燃物面积 196 万亩，及时扑救未形成火情 1 870 次；上报林木虫情、病情 5 560 次，开展了以美国白蛾为主的林木有害生物防治累计达 33.9 万人次；制止乱砍滥伐、乱捕滥猎、乱垦滥占等破坏森林资源行为 665 次。山区生态林管护员队伍已成为森林防火、林木有害生物防治、森林资源保护的重要力量，为保护森林资源、确保生态安全做出了重要贡献。

森林质量得到提高，生态功能明显增强。2004 年以来，全市山区生态林管护员累计完成了以补植补造、修枝割灌、抚育间伐、间株定株为主要内容的林木抚育面积 345.79 万亩，改善了林木生长环境，提升了森林景观效果，增强了森林资源的水土保持、涵养水源、防风防沙等生态防护功能。

山区农民得到了培训，专业素质有了明显提高。2004 年以来，市、区县累计开展生态林管护员培训 6 479 期，组建了专业培训教师队伍 150 余名，培训管护员 49.48 万人次，使每名生态林管护员每年接受 3～4 次培训。培训使得管护人员的理论知识、业务水平和法律意识得到很大提高。

（三）林业法制

2011年，我国林业立法、执法及执法监督和普法工作进一步加强。

1. 林业立法

法律修改 2011年，继续稳步推进《森林法》修改工作。《森林法》（修改）是经中央批准的《十一届全国人大常委会立法规划》确定的第一类立法项目，属在本届人大任期内应当提请审议，同时列入2011年国务院立法工作计划二类项目。根据森林法修改工作安排，2011年，就林地征占用预审及审核审批、重点国有林区管理体制、森林公安执法等问题，赴吉林、云南等省进行了专题调研；在山东、新疆召开了森林法修改座谈会，听取了各省级林业主管部门对森林分类、森林经营方案编制、林地管理、采伐限额管理等11个问题的意见和建议；形成了《森林法修改草案（第二次征求意见稿）》，征求国家林业局各司局、直属单位和地方林业主管部门意见；12月8日，《森林法修改草案（草稿）》提请国家林业局局务会议进行第一次审议。

行政法规制定 2011年，完善湿地保护条例的立法工作。湿地保护条例已经列入2011年国务院立法工作计划。在前期工作基础上，进一步修改完善《湿地保护条例》草案，积极向国务院法制办汇报进展情况，并与国务院法制办赴黑龙江省进行专题调研。第三次征求农业部、环保部、国土部、水利部、海洋局等20家中央和国务院有关部门的意见。

部门规章审查制定 2011年，加快做好部门规章审查制定工作。一是审查修改形成了《国家级森林公园管理办法》、《大熊猫国内借展管理规定》，经局务会议审议通过后，分别以国家林业局第27、28令发布实施；二是审查修改了《集体林权制度改革档案管理办法》、《野生动植物进出口证书核发管理办法》、《国家林业局委托实施野生动植物行政许可办法》、《陆生野生动物疫源疫病监测办法》、《林地和林木权属登记办法》，待条件基本成熟后，报请局务会议审议。

部门规章和规范性文件清理 2011年，完成了部门规章清理工作。《国家林业局关于废止和修改部分部门规章的决定》（国家林业局第26号令），明确了废止的部门规章、修改部分条款的部门规章及修改内容。国家林业局公告2011年第6号公布了现行有效规章目录。2011年，按照国家林业局规范性文件清理工作方案，对国家林业局1 000多份文件进行审核，提出了保留、失效、废止和修改等审核意见，初步完成了国家林业局规范性文件清理审查工作。

相关立法工作 一是继续做好自然遗产保护法立法工作。在前期工作的基础上，召开了生态保护、法律方面的专家座谈会，针对全国人大环资委开展自然遗产保护法的进程，及时向全国人大环资委、全国人大常委会法工委和国务院法制办提出了国家林业局的意见和建议。二是积极做好农业技术推广法、旅游法的立法工作，积极向全国人大农委、财经委提出国家林业局的意见和建议。

2. 林业执法及执法监督

全国林业行政案件查处 2011年，全国共发生林业行政案件28.67万起，其中：盗伐林木案2.05万起，占7.15%；滥伐林木案3.70万起，占12.91%；毁坏林木、苗木案0.76万起，占2.65%；违法征、占用林地案1.95万起，占6.80%；非法收购、运输木材案14.72万起，占51.34%；非法经营、加工木材案1.37万起，占4.78%；其他案件4.12万起，占14.37%。2011年，全国共查处林业行政案件28.53万起，查处率99.51%。全国共收回林地2 991.06公顷；收缴木材50.61万立方米、苗木3 331.85万株、种子2 733.55千克；没收野生动物561 488只；挽回经济损失321 794.38万元，其中，处以罚款、责令赔偿损失、补征林业经费306 067.25万元，没收违法所得15 727.13万元；责令补种树木900.52万株；行政处罚人数29.50万人次。与2010年相比，案件发生总量减少1.78万起，下降5.85%，案件查处率提高1.15个百分点，为历年最高。

重大森林资源案件的受理与督办 2011年，根据中央领导和局领导批示，通过派出工作组现地督办、发查办函等形式督促各地查办、督办破坏森林资源案件72起。其中，胡锦涛总书记、回良玉副总理批示要求查处群众反映的河南、河北、四川、福建5起案件，使涉嫌犯罪的3名犯罪嫌疑人被追究了刑事责任，6名公务人员被给予行政处分；吴邦国委员长批示群众反映的贵州、湖北2起案件，依法逮捕了4名犯罪嫌疑人；中央电视台曝光的浙江景宁县和河南桐柏县案件2起，现地督办浙江开化县违法处理非法运输木材案、黑龙江绥棱林业局账外销售木材案，发文督办四川广元市非法占用林地案、黑龙江方正县非法采伐林木案等。

林木种苗执法 2011年，全国共发放林木种子生产经营许可证31 137份；国家林业局场圃总站下发《关于进一步明确〈林木种子经营许可证〉有效期届满延续提交材料时间的通知》，规范了《林木种子经营许可证》办理程序；开展全国林木种苗质量抽查工作，对11个省（自治区）林业重点工程造林使用的林木种子和26个省种苗质量进行抽查。结果显示，林木种子样品合格率为88.4%，苗木苗批合格率为93%；为规范执法行为，建立健全种苗执法各项制度，在湖南浏阳市、平江县，宁夏灵武市、石嘴山市开展林木种苗执法示范县（市）建设工作，完善各项管理制度，配备执法设备设施，强化执法人员培训，探索林木种苗行政执法模式。

森林公安执法 2011年，全国森林公安机关共查处行政案件214 284起，处罚违法人员319 002人次，收缴林木树木和木材357 722.2立方米、野生动物821 281头（只），涉案金额13.1亿元。全国森林公安共立刑事案件2.6万起，比2010年上升13%，破案2.1万起，抓获违法犯罪人员2.6万人，收缴林木14.4万立方米、林地8.2万公顷、野生动物7.7万头（只），涉案金额达27亿元。

开展执法专项打击行动 一是开展“亮剑行动”，严厉打击破坏林地资源违法犯罪。全国各地共出动人员38万余人次、车辆12万余台次，清查占用征收林地项目7 384个，查处案件1.3万起，打击处理2万余人，收回林地10万余亩。二是开展“清网行动”，对网上在逃人员开展战略打击和舆论攻势，取得重大战果。全国森林公安机关共抓获行动前网上在逃人员2 805名，占行动前网上在逃人员总数的92.2%，有10个省（自治区）清网率达到100%。三是开展打击破坏湿地资源专项行动。全国共出动人员42 900多人次，出动车辆5 400余台次，开展执法检查1 000多次，制止或查处违法破坏湿地行为近3 800起，处理违法人员300多人，发放宣传材料447 000多份。四是开展打击制售假冒伪劣林木种苗专项活动。全国各级林业主管部门共出动执法人员45 300多人次，立案1 094起，移送司法机关12起，查处无林木种苗生产、经营许可证和标签案件909起，销毁、封存假劣种子19 800多千克、苗木1 200多万株，涉案金额800余万元。

木材运输管理监督执法 2011年，国家林业局下发了《关于在全国木材运输检查系统开展“执法监督年”活动的通知》，在全国部署开展了木材检查“执法监督年”活动。各省、自治区、直辖市林业主管部门精心组织，统筹安排，木材运输管理系统执法人员积极参与，确保了“执法监督年”活动各项目标任务的圆满完成并取得了预期成效。

贯彻实施行政许可法 2011年，共办理国家林业局行政许可事项189 338件，其中，准予许可179 607件，不准予许可9 731件。同时，组织开展了林业行政许可公告的修改工作，制定了《林业行政许可项目资金定额标准》，开展了2010年度由国家林业局实施的行政许可的监督检查，举办了林业行政许可窗口工作人员培训班，提高工作人员依法审批水平。

做好行政复议工作 一是依法办理行政复议案件。2011年，国家林业局共收办行政复议申请20起，有效化解了多起行政争议。二是加强了对地方林业主管部门行政复议工作的指导，组织召开全国林业行政复议案例研讨会，下发了各地的林业行政复议典型案例。三是积极探索行政复议案件有效办理形式。在办理新疆巴楚两起行政复议案件中，国家林业局专门致函新疆维吾尔自治区人民政府，要求做好申请人协调工作，促进了案件顺利解决。在办理内蒙古鄂尔多斯案件中，针对案件中反映出来的地方林地征占用行政许可过程存在的问题，认真研究梳理，并督促地方对相应的许可行为进行规范。

配合全国人大常委会完成了执法检查工作 一是组织起草完成了《国家林业局关于贯彻实施农村土地承包法情况的汇报》。二是参加了全国人大执法检查组赴吉林、安徽、湖南3省的执法检查，参与了执法检查总报告的起草工作。三是按照全国人大要求，就《全国人大常委会执法检查组关于检查农村土地承包法实施情况的报告（征求意见稿）》提出了修改意见。

3. 林业普法

表彰“五五”普法先进 2011年，在对林业系统“五五”普法工作全面总结和验收基础上，国家林业局下发了《关于表扬全国林业系统“五五”普法宣传教育先进集体和先进个人的通报》，对109个单位和159名同志进行了通报表扬。

制定年度普法要点 根据《司法部、全国普法办关于印发〈二〇一一年全国普法依法治理工作要点〉的通知》精神，制定下发了《2011年林业系统法制宣传教育工作要点》。

召开普法领导小组工作会议 10月13日，召开了国家林业局普法领导小组会议，会议学习了周永康同志在第七次全国法制宣传教育工作会议上的讲话，传达了第七次全国法制宣传教育工作会议精神，审议了《全国林业系统法制宣传教育第六个五年规划（送审稿）》，明确了2011年及“六五”普法期间的工作思路。

制定印发“六五”普法规划 2011年，根据《中共中央、国务院转发〈中央宣传部、司法部关于在公民中开展法制宣传教育的第六个五年规划（2011～2015年）〉的通知》和十一届全国人大常委会第20次会议通过的《关于进一步加强法制宣传教育的决议》的要求，在征求各省、自治区、直辖市林业主管部门和局各司局单位意见的基础上，制定印发了《全国林业系统法制宣传教育第六个五年规划》，全面启动了林业“六五”普法工作。

普法培训与考试 一是举办林业普法骨干培训班。根据2011年局普法工作安排，在广东省广州市举办了省级林业普法骨干培训班，对全面贯彻落实全国第七次法制宣传工作会议精神和林业系统“六五”普法规划起到了积极的推动作用。二是组织年度普法考试。结合林业行业特点，将“12·4”法制宣传日活动与林业系统年度普法考试相结合，各地、各单位通过积极组织年度普法考试，有力地带动了广大林业干部职工学法热情，进一步推动了“六五”普法工作的深入开展。

G P79-88

林业投资

- 资金来源
- 资金使用
- 林业固定资产投资
- 林业建设资金管理

林业投资

2011年，中央财政继续加大了对林业的资金扶持力度，公共财政支持林业的长效机制初步建立。全年林业投资呈现以下三个特点：一是林业资金投入大幅增加，本年资金来源增长超过60%，增幅为十年来最高；二是林业资金投向主要用于生态建设与保护，达到1 302.50亿元，占全部林业投资完成额的49.48%，几乎占林业资金使用的一半；三是利用外资总额创历史新高，主要投向木竹材加工和营造林项目。

（一）资金来源

我国林业建设资金来源主要包括国家预算资金、国内贷款、利用外资、自筹资金和其他资金来源。2011年，全国林业建设资金来源合计2 744.48亿元；其中，上年末结余资金62.60亿元，本年资金来源2 681.88亿元。与2010年相比，本年资金来源增长65.08%，是近十年来林业资金增幅最高的一年（图10）。

图10　2002～2011年林业建设资金来源情况

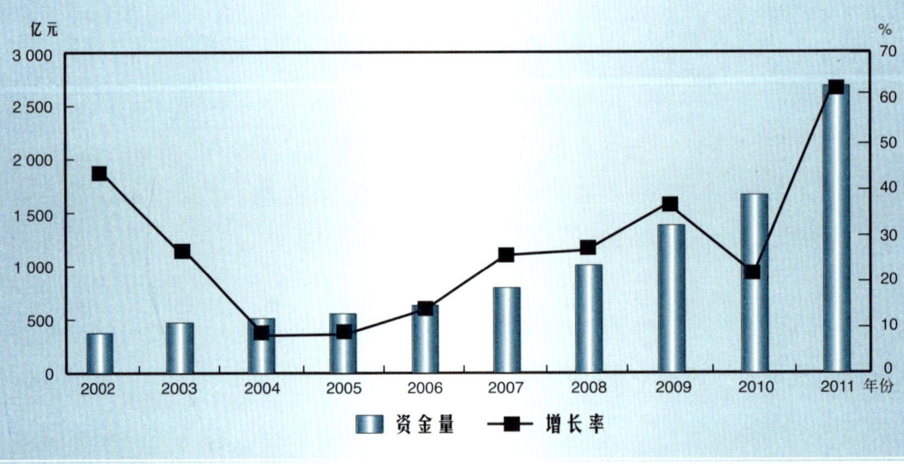

1. 国家预算资金

国家预算资金，是指中央财政和地方财政用于林业建设与保护的资金；以及中央财政安排的用于林业的各类专项拨款。2011年，国家预算资金投入1 302.15亿元，与2010年相比增长了37.80%，占2011年林业资金总量的47.45%（图11）。其中，中央投入资金为772.76亿元，占59.34%；地方资金为529.39

亿元，占40.66%。2011年，中央林业资金占全国中央财政总支出（5 6414.15亿元）的比重为1.37%，与2010年相比下降了0.59个百分点（图12）。

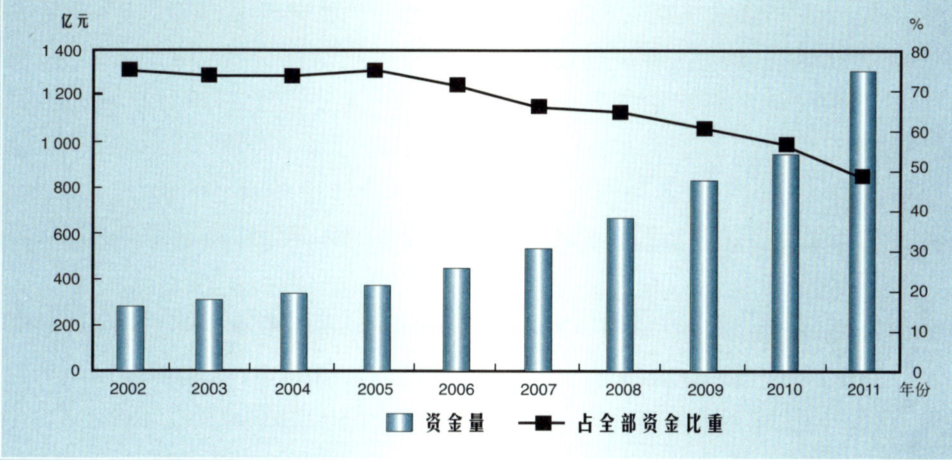

图 11　2002～2011 年国家预算资金量及占全部资金的比重

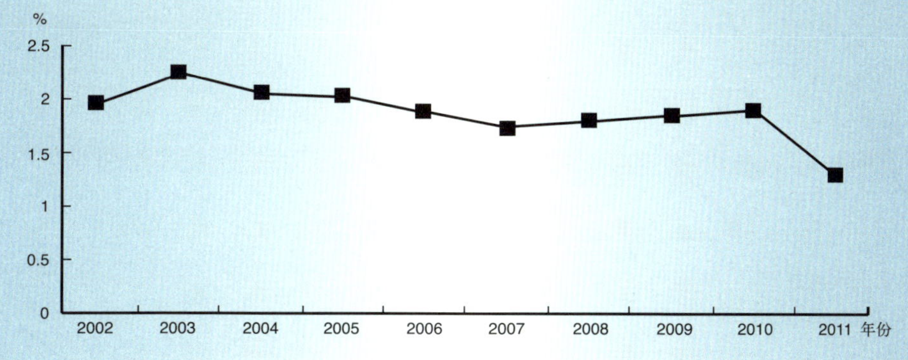

图 12　2002～2011 年中央林业资金占中央财政支出的比重

2. 国内贷款和债券

国内贷款，是指从国内银行和非银行金融机构借入、用于林业建设和发展的资金，包括银行贷款、上级主管部门拨入的国内贷款、国家专项贷款等。2011年林业建设资金投入中，国内贷款为274.18亿元，主要为林业贴息贷款，与2010年相比增长了55.56%，占2011年林业建设资金总量的9.99%。

为扶持林业可持续发展，我国对林业行业部分项目的贷款实行利息补贴，此类贷款称为林业贴息贷款。2011年，国家林业局下达林业贴息贷款计划200亿元，比2010年增加20亿元，增长11.11%。实际落实林业贴息贷款193.17亿元，占同期贷款计划的96.59%，比2010年度增加31.14亿元，增长19.22%，其中，农村信用社发放林业贴息贷款77.77亿元，占当年度新增林业贴息贷款总额的40.26%，位居各类金融机构之首；中国农业银行发放林业贴息贷款35.42亿元，占18.34%，位居第二；中国农业发展银行发放林业贴息贷款16亿元，占8.3%，位居第三。2011年，落实中央财政贴息资金9.56亿元，比2010年度增加1.95亿元，增长25.62%。

债券，是指通过发行各种债券筹集到用于林业建设与发展的资金。2011年，全国发行债券筹集到林业建设资金0.97亿元，占全年林业建设资金总量的0.04%。

3. 利用外资

利用外资，是指当年林业建设中使用的国外资金，包括国外贷款、中外合资项目中的外方投资、无偿援助以及对外发行债券和股票等。2011年，我国林业利用外资项目个数为272个，实际利用外资规模达到16.99亿美元，比2010年增长158.56%。其中，国外借款10.53亿美元，外商直接投资5.48亿美元，无偿援助0.98亿美元，分别占林业实际利用外资总规模的61.98%、32.24%和5.78%。林业实际利用外商直接投资金额占全国实际利用外商直接投资（1 160.11亿美元）的0.47%（图13）。

图13 2003～2011年林业利用外资规模及占全国实际利用外资比重

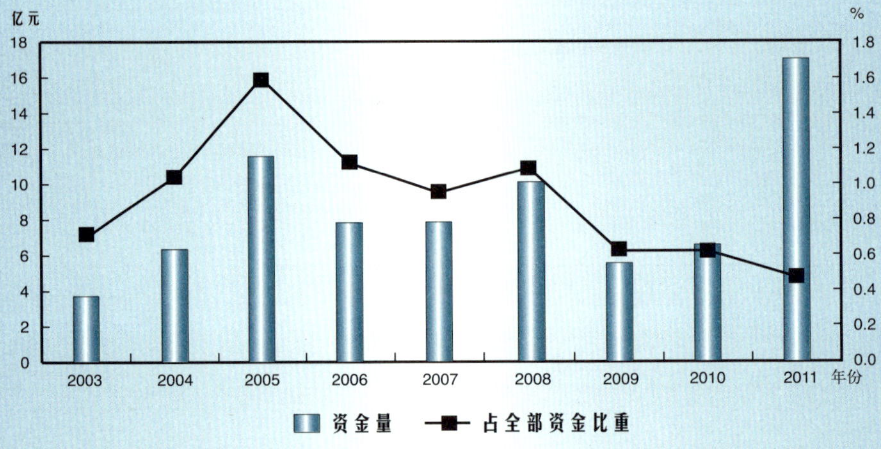

4. 自筹及其他资金

自筹资金，是指林业建设单位收到来自上级主管部门、地方和企事业单位，用于林业建设与发展的资金。2011年林业投入资金中，自筹资金737.42亿元，与2010年相比增长了187.08%，占当年林业资金来源的26.87%。

其他资金，是指用于当年林业建设与发展上述其他来源以外的资金，包括个人资金、无偿捐赠和群众集资等。2011年，用于我国林业建设的其他来源资金为344.33亿元，比2010年增长了24.10%，占全年林业资金来源的12.55%。

（二）资金使用

2011年，林业计划投资2 520.86亿元，实际完成2 632.61亿元。其中国家投资完成1 106.60亿元，占全部林业投资完成额的42.03%。林业资金包括国家预算资金、国内贷款和债券、利用外资、自筹和其他资金等，主要用于生态建设与保护、林业支撑与保障、林业产业发展三个方面。

按建设内容分，用于生态建设与保护的投资为1 302.50亿元，占全部林业投资完成额的49.48%；用于林木种苗、森林防火、有害生物防治等林业支撑与保障的投资为300.66亿元，用于林业产业发展的资金为522.41亿元，其他资金507.04亿元，在林业投资完成额中所占比重依次为11.42%、19.84%和19.26%。

分地区看，东部、中部、西部和东北地区林业投资完成额（不含国家林业局直属单位）分别为672.44亿元、400.23亿元、1 135.31亿元和410.34亿元，在全部林业投资完成额中所占比重依次为25.54%、15.20%、43.13%和15.59%。

1. 生态建设与保护

林业生态建设与保护资金主要用于当年造林、更新、森林抚育、野生动植物保护与自然保护区建设、湿地恢复与保护等。2011年，林业生态建设与保护资金共完成1 302.50亿元，占全部林业投资完成额的49.48%。其中，用于造林（包括人工造林、飞播造林和无林地与疏林地封育）661.71亿元，占当年林业

图 14　2011 年生态建设与保护资金投入结构

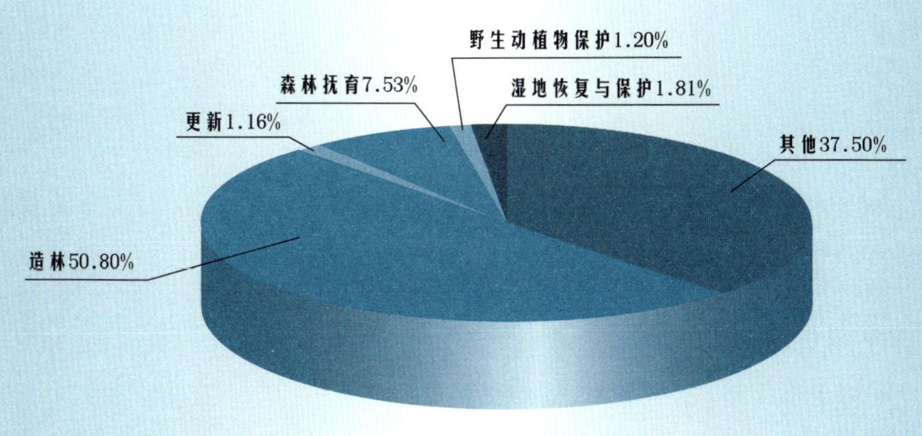

生态建设与保护资金的50.80%；更新造林投入15.12亿元，森林抚育投入98.04亿元，野生动植物保护及自然保护区建设投入15.55亿元，用于湿地恢复与保护23.62亿元，其他投入488.46亿元，在全部林业生态建设与保护资金中所占比重依次为1.16%、7.53%、1.20%、1.81%和37.50%（图14）。

2. 林业支撑与保障

林业支撑与保障资金主要投向林木种苗培育、森林防火、林业有害生物防治和科技教育等。2011年，达到300.66亿元，占全部林业投资完成额的11.42%。其中，林木种苗培育资金完成26.62亿元，占林业支撑与保障资金总量的8.85%；用于森林防火25.04亿元，占8.33%；林业有害生物防治完成13.75亿元，占4.57%；科技教育完成6.06亿元，占2.02%；其他投入229.19亿元，占76.23%（图15）。

3. 林业产业发展

图15 2011年林业支撑与保障资金投入结构

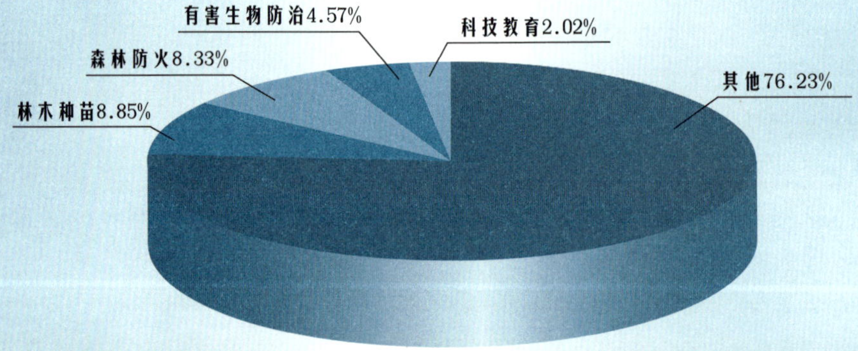

扶持林业产业发展的资金主要投向工业原料林、特色经济林、木本油料、花卉种植和林下经济等。2011年，林业产业发展投资完成522.41亿元，占全部林业投资完成额的19.84%。其中，发展特色经济林完成40.12亿元（其中油茶示范基地建设投入13.35亿元），占当年林业产业发展资金投入总额的7.68%；花卉种植完成27.35亿元，占5.23%；发展林下经济完成17.03亿元，占3.26%；其他资金完成437.91亿元，占83.83%（图16）。

（三）林业固定资产投资

林业固定资产投资[①]，是指用于建造和购置使用年限在一年以上，单位价值

① 此处固定资产投资指按照项目管理的，且计划总投资在500万元以上的城镇林业固定资产投资和农村非农户林业固定资产投资。

图 16　2011 年林业产业发展资金投入结构

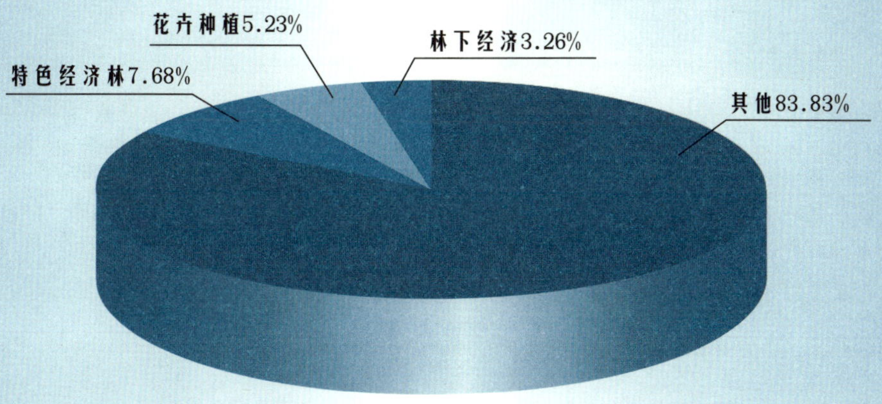

在规定标准以上，使用过程中保持原来物质形态的资产的林业资金投入。林业固定资产投资是林业建设资金投入的重要方向。2011年林业固定资产投资来源合计937.31亿元，占全年林业建设资金总量（2 744.48亿元）的34.15%。

1. 投资来源

2011年，林业固定资产投资资金来源合计937.31亿元，其中本年林业固定资产投资916.38亿元；上年末结余林业固定资产投资20.93亿元。

2011年本年林业固定资产投资来源中，国家预算资金272.90亿元，国内贷款和债券60.53亿元，利用外资（折合人民币）14.42亿元，自筹资金及其他资金来源568.51亿元；在当年新增林业固定资产投资中所占比重依次为29.78%、6.61%、1.57%和62.04%（图17）。

2. 投资完成情况

2011年，林业固定资产投资完成额917.37亿元，其中国家投资196.35亿元，在当年完成林业固定资产投资额中所占比重为21.40%。当年新增固定资产473.45亿元。

林业固定资产投资按构成分为建筑工程、安装工程、设备工器具购置及其他。2011年，林业建筑工程固定资产投资完成368.42亿元，安装工程完成固定资产投资32.58亿元，设备工器具购置完成固定资产投资130.34亿元，其他固定资产投资完成额386.03亿元；在当年林业固定资产投资完成总额中所占比重依次为40.16%、3.55%、14.21%和42.08%（图18）。

林业固定资产投资按建设性质划分为新建、扩建、改建和技术改造、单纯建造生活设施、迁建和恢复、单纯购置等。2011年，新建固定资产投资完

图 17　2011 年林业固定资产投资来源

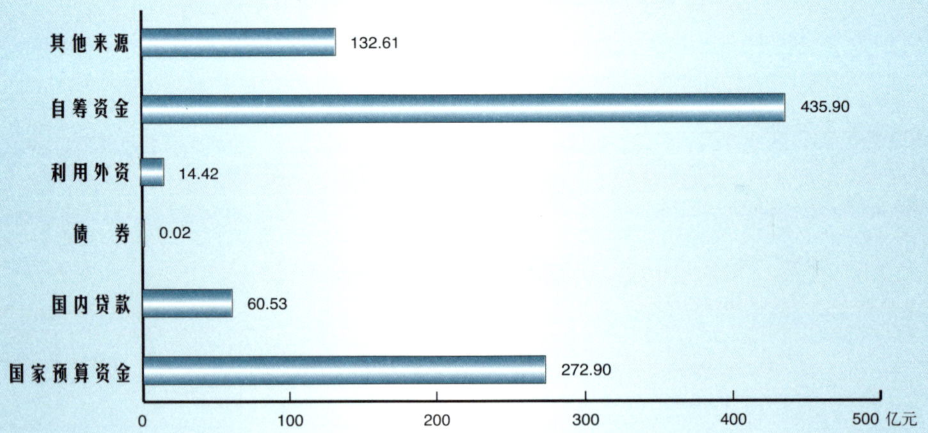

图 18　按构成划分 2011 年林业固定资产投资结构

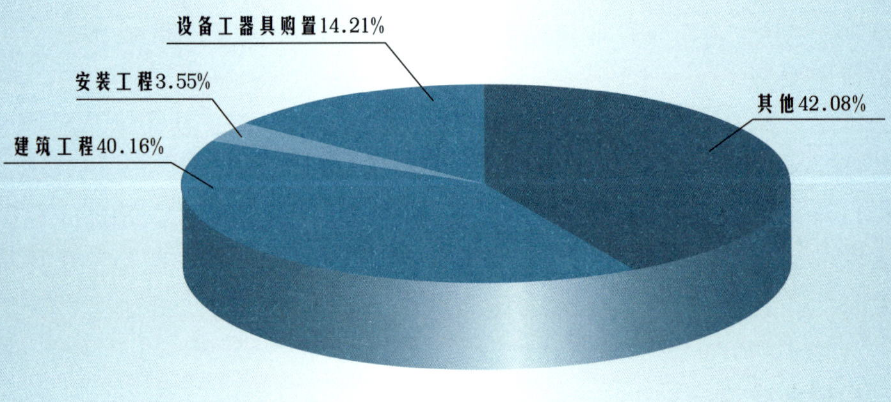

成590.12亿元，扩建固定资产投资完成176.13亿元，改建和技术改造投资完成106.70亿元，单纯建造生活设施投资11.70亿元，迁建和恢复固定资产投资9.09亿元，单纯购置固定资产投资23.63亿元；在当年林业固定资产投资完成总额中所占比重依次为64.33%、19.20%、11.63%、1.27%、0.99%和2.58%（图19）。

（四）林业建设资金管理

强化了资金监管制度建设　制定了《天然林资源保护工程财政专项资金管理办法》、《中央财政湿地保护补助资金管理暂行办法》、《中央财政林业科技推

图 19　按性质划分 2011 年林业固定资产投资结构

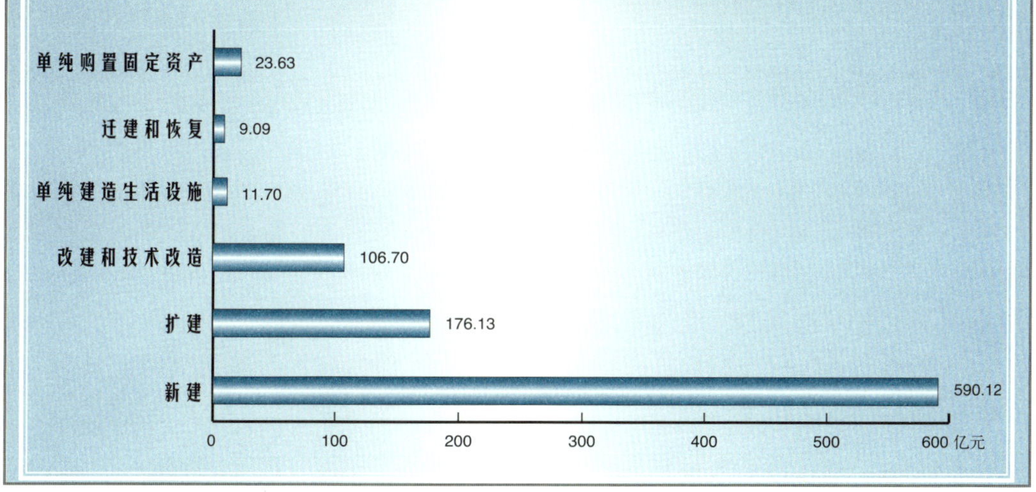

广示范资金绩效评价暂行办法》等10个资金管理办法。完善了重大事项集体决策机制和资金项目审批程序制约机制。

强化了预算管理　增强了预算编制科学性，推进了预算信息公开，规范了机关事业单位津补贴，开展了项目绩效评价和定额标准体系建设。加大了预算执行力度，按月对直属单位预算执行支出进度进行调度和分析，并对部分单位开展预算督导，国家林业局预算执行进度在中央农口部门位居前列。

强化了资金监督管理　组成33个工作组，对2010年和2011年中央林业投资、汶川地震灾后恢复重建项目进行了重点检查，共检查项目328个、金额97亿元。继续加强“小金库”专项治理，完成了全面复查阶段的各项任务。组织完成了对全国2010年森林抚育补贴试点资金和林木种苗工程项目资金，以及四川、广东、广西、安徽4省（自治区）全部中央林业投资的核查工作，并组成8个核查工作组进行重点抽查，核查资金总额141亿元。

强化了建设标准编制管理　对自然保护区工程总体设计标准等23个行业标准进行了函审和复审。北京市初步建立了荒山造林、抚育管理、护林防火、有害生物防控、野生动植物保护、城市绿化等项目预算投资标准，为预算编制打下了良好基础。

专栏8 中央财政森林保险补贴试点进展情况

2011年，中央财政森林保险保费补贴试点地区进一步扩大，保费补贴数额进一步增加。根据财政部《关于2011年度中央财政农业保险保费补贴工作有关事项的通知》（财金[2011]73号），2011年中央财政森林保险保费补贴试点地区新增广东、四川、广西3省（自治区）。截至2011年，纳入中央财政森林保险保费补贴试点的地区已有江西、湖南、福建、浙江、辽宁、云南、广东、四川和广西9省（自治区）。中央财政森林保险保费补贴比例商品林30%，公益林50%。

2011年，除广东当年未实施以外，其他8省（自治区）森林保险投保总面积5 126.67万公顷，参保率为57.6%（公益林投保面积为2 706.67万公顷，参保率为70.4%；商品林投保面积为2 420.00万公顷，参保率为47.9%）；保险金额总计为3 216.8亿元，其中：公益林1 681.9亿元、商品林1 534.9亿元；公益林保额平均为6 225元/公顷，商品林保额平均为6 345元/公顷；交纳保费6.6亿元，其中：公益林3.5亿元、商品林3.1亿元；保险费率公益林从1‰到4‰，商品林从不足1‰到8‰。在各级交纳的总保费中，中央财政拨付保费补贴2.69亿元，省、市、县支付保费补贴2.71亿元，林业经营单位和林农个人支付保费1.2亿元，所占比例分别为40.7%、41%和18.3%。8省（自治区）理赔金额共计1.57亿元，占保费的23.7%。

H

P89-106

支撑与保障

- 森林资源管理
- 林业种苗
- 森林防火和森林公安
- 林业有害生物防治
- 野生动物疫源疫病监测防控
- 林业科技
- 林业教育
- 林业工作站
- 国有林场
- 森林公园
- 林业信息化建设
- 林业职工队伍

支撑与保障

2011年，中国林业支撑与保障能力显著提高。森林资源管理和监督得到加强；林业种苗工程建设有序推进，防火能力得到提高；野生动物疫源疫病监测防控、有害生物防治成效显著；林业科技投入增加，林业教育成果丰富；林业工作站建设得到加强，国有林场基础设施建设条件改善；林业信息化工作迈上新台阶。

（一）森林资源管理

严格林地征占用管理 2011年，全国共审核审批占用征收林地项目1.76万项，占用征收林地面积12万公顷，收取森林植被恢复费73.7亿元。与2010年相比，占用征收林地面积下降29.2%。林地征占用管理进一步加强。一是开展林地使用情况检查。组织15个派驻森林资源监督机构，对2010年国家林业局审核、批准的202项建设项目进行了监督检查，发现违法占用征收林地项目42个，面积196.97公顷。组织对全国29个省（自治区、直辖市）、新疆生产建设兵团、四大林业(森工)集团的120个县级单位占用征收林地情况进行了检查，共检查2010年以来占用征收林地项目3 107项，到期临时占用林地项目354项，森林植被恢复费使用情况2 215项，涉及占用征收林地补偿林权权利人1 695户，共查出违法占用征收林地项目380项，面积1 012.2公顷；毁林开垦118起，面积192.1公顷。二是规范占用征收林地审核审批管理。优化、推广占用征收林地网上审批系统；推出国家占用征收林地管理信息系统单机版，实现与网络版本的对接，减轻了基层林业部门数据录入的工作量。

完善林权管理制度 一是基本完成了对《林木和林地权属登记管理办法》的修订工作并在国务院法制办网上公开向社会征求意见，启动了林权登记簿的研究制定，以适应物权法对林地等不动产登记的有关规定；二是对外资造林使用我国林地进行指导监督，配合商务部对芬兰斯道拉恩索集团使用广西国有林地进行指导、监督，对外资使用我国林地以及涉外林地权属登记事宜提出具体的指导意见；三是组织开展了对国务院确定的国有所有的重点林区的林地权属变化情况调查研究，摸清我国林地权属家底，制定和调整相应的林地权属管理政策；四是印发《国家林业局关于林地所有权变更问题意见的函》，对整体搬迁的村集体山林转为国有山林的有关程序做出规范。

强化森林资源监督 一是开展了占用征收林地行政许可被许可人监督检查，对违法违规使用林地建设项目进行了查处。开展了重点国有林区森工企业局伐区调查设计和作业质量核查工作，对87个林业局的1 787个小班进行了核查。严格执行林木采伐许可证核发制度，进一步加强木材凭证运输和经营加工监督，加大对木材流通领域的监管力度。认真督查督办破坏森林资源案件，做好来信来访反映问题的处理。2011年，各派驻森林资源监督机构共督查督办各类林业行政案件350余起。二是开展保护发展森林资源目标责任制情况检查。2011年2月，国家林业局出台了《关于开展保护发展森林资源目标责任制建立和执行情况检查的通知》，在全国启动了责任制检查。共检查了全国80个县的责任制情况。截至2011年年底，全国已有1 720县建立了责任制。三是国家林业局14个派驻森林资源监督机构分别向29个省（自治区、直辖市）、新疆生产建设兵团、四大林业（森工）集团提交了《森林资源监督报告》。监督报告充分肯定了各地的森林资源管理成效，客观指出了各地森林资源管理存在的问题，提出了监督建议。报告内容引起了相关省领导的高度重视。四是推进森林资源采伐利用监督管理。2011年，印发了《全国木材检查站规划》，组织对全国26个省（自治区、直辖市）的40个县级单位2010年度森林采伐限额执行情况进行了检查。检查结果表明，40个县均未超其年森林采伐限额，超限额采伐现象得到有效遏制。全国伐区凭证采伐率平均为98.1%，发证合格率平均为93.0%，发证率平均为81.7%，与2009年度相比均有所提高。五是开展国有林区“三总量”检查。组织人员对内蒙古金河、黑龙江绥棱等9个国有森工企业局“三总量”执行情况进行检查。检查结果表明，大规模超限额采伐的现象基本得到遏制，但仍然存在无证采伐、超证采伐、串树种采伐和违法占用林地问题，共检查发现了74个无证采伐地块、21块超证采伐小班和70块违法占用林地。

推进森林可持续经营 2011年，正式发布《森林经营方案编制与实施规范》和《简明森林经营方案编制技术规程》两个行业标准，进一步推动我国森林经营方案制度的建立；在总结全国193个单位开展的森林采伐管理改革试点工作的基础上，下发《国家林业局关于开展森林资源可持续经营管理试点工作的通知》，在全国200个单位启动以建立森林经营方案制度和深化采伐管理改革为核心内容的森林资源可持续经营管理试点。

加强森林采伐管理 一是及时将“十二五”限额分解落实到编限单位。除宁夏外，在采伐限额分解落实过程中，各省级林业（森工）主管部门严格执行预留限额不超过5%并报国家林业主管部门核定的规定，未发现截留采伐限额情况。二是基本实行了采伐限额管理的全覆盖。采伐林地上胸径5厘米以上林木的蓄积均依法纳入采伐限额管理。据初步统计，全国发证采伐量约为采伐限额的60%。除东北、内蒙古重点国有林区发证量超过采伐限额的90%外，其他地区的发证量均大大低于采伐限额，其中天然林资源保护工程所在省区的发证量不到采伐限额的一半，西北省份发证采伐量占采伐限额的比率更低。三是天然林资源保护工程区因自然灾害、工程建设征收占用林地和森林经营保护等特殊情况确需采伐天然林的采伐限额审批规定得到了严格执行。四是下放审批权限，简化审批环节，推行采伐公示制度和伐区简易设计，改进采伐监管方式等集体林采伐管理的政策措施继续得到有效落实，乱砍滥伐林木、非法收购运输与经营加工木材等行政案件明显下降。据统计，2011年全国乱砍滥伐林木、非法收购运输木材和非经营加工木材案件，分别比2010年减少5.65%、12.52%和20.26%。

（二）林业种苗

2011年，中央预算内投资计划下达林木种苗工程建设投资20 000万元，与2010年持平。其中，地县级林木种苗质检机构能力建设2 993万元，林木良种基地建设投资9 577万元，林木种质资源收集保存库建设投资6 369万元，林木采种基地建设投资415万元，其他投资646万元，分别占中央预算内投资的14.97%、47.89%、31.85%、2.08%、3.21%。与2010年相比，在建设内容上增加了地县级林木种苗质检机构能力建设的投资；投资结构上，林木良种基地占当年投资比重降低21.1%，种质资源收集保存库占当年投资比重增长6%，采种基地与其他投资占当年投资比重增长0.1%。

2011年，共建设林木种苗工程项目121个，开工建设规模8 249.8公顷。其中，林木良种基地项目72个，林木种质资源保存库项目34个，采种基地等项目4个，种苗基地等其他项目4个，建设规模依次为4 713.7公顷、2 177.9公顷、809.8公顷、548.4公顷，分别占建设总规模的57.14%、26.40%、9.81%、6.65%；投资建设了7个省的地县级林木种苗质检机构能力项目。

2011年，全国共审（认）定通过林木良种365个，其中国家林业局审（认）定林木良种44个；确定第二批国家重点林木良种基地95处。

2011年，全年共采收林木种子3 138万千克，其中，全年采种基地共采收种子1 006万千克，占全年林木种子采收量的32%。2011年，全年共生产良种357万千克，其中：种子园产量55万千克，母树林产种量302万千克；采穗圃生产穗条15.2亿条(根)、良种繁殖圃生产穗条7.3亿条(根)。2011年，全年共完成育苗面积84.9万公顷，其中新育苗面积24.9万公顷。国有、乡村集体和个体育苗面积分别占育苗总面积的14.63%、5.02%和80.35%。2011年生产造林合格苗木190.2亿株，其中，31%来自国有单位，6%来自乡村集体，63%来自个体。

2011年，林业种苗社会化、信息化工作正常开展。通过国家种苗网、种苗简报、报刊等媒体为社会提供了大量种苗政务及市场信息，为促进种苗市场健康发展，起到了积极推动作用。截至2011年年底，通过国家种苗网发布市场供求信息45.6万条，网站注册会员人数45.2万人，月平均访问量3万人次，网站政务新闻数目达1.2万条。

（三）森林防火和森林公安

2011年全国共发生森林火灾5 550起。其中一般火灾2 993起，较大火灾2 548起，重大火灾9起，未发生特大火灾。与2010年相比，森林火灾次数下降

28.14%，其中一般火灾、较大火灾和重大火灾次数分别下降37.58%、12.20%、59.09%。

2011年，全国森林火灾受害森林面积26 950公顷，比2010年下降41.16%，因森林火灾伤亡91人，比2010年下降15.74%，其中，轻伤、重伤和死亡人数分别为22人、24人和45人，重伤人数比2010年增长33.33%，轻伤和死亡人数比2010年分别下降12.00%和30.77%。

2011年，在全国发生的5 550起森林火灾中，因非生产性火源引发的森林火灾次数为2 642起，因生产性火源引发的森林火灾次数为1 966起，分别比2010年下降3.37%和34.05%；因雷击火引发的森林火灾次数为94起，比2010年增长80.8%。其他自然火引发的森林火灾次数为9次。2011年全国发生的森林火灾中，人为因素引发的森林火灾仍然占已查明火源的森林火灾总次数的90%以上。其中，烧荒烧炭、上坟烧纸、野外吸烟、小孩玩火以及痴呆人弄火分别占已查明火源的森林火灾总次数的28.3%、27.2%、8.5%、4.0%和3.1%。

2011年，全国扑救森林火灾共出动89.2万个人工日、车辆7.7万辆（台）次、飞机1 810架次，投入扑救森林火灾经费1.35亿元。

2011年，森林火灾发生率（起火灾/10万公顷森林）为2.84，森林火灾控制率（公顷受害森林面积/每起森林火灾）为4.90，森林火灾受害率（受害森林面积/森林总面积）为0.138‰。

2011年，森林防火能力建设成效显著。一是提高了组织指挥和协同作战能力。国务院调整充实了国家森林防火指挥部领导、成员和联络员；国家森林防火指挥部协调各方，会同地方政府短时间内成功扑灭了河北抚宁“4.12”等重大森林火灾，锻炼了协同作战能力。二是加强了基础保障力量。开展森林防火建设项目183个，投资12亿元。三是加快了预警响应速度。全国森林火险预警系统初步建成，EOS/MODIS卫星林火监测系统、国家森林防火指挥中心升级更新并投入运行，全国森林火线预警示范系统基本建成，投入试运行。四是加强森林航空消防建设。全国森林航护面积达到233万平方千米，占国土总面积的24.4%。五是推进了边境联防工作。中俄第二次边境地区森林防火工作联防会议在相隔10多年后成功举行并达成重要共识，中蒙联防继续稳步向前推进，中缅、中哈联防工作已经起步。六是推动了军事区域森林防火工作。下发了《关于加强军事区森林防火工作的通知》，军地森林防火工作更加规范和深入。

2011年，森林公安工作取得重要成果。一是在“亮剑行动”中，清查征占用林地项目7 384个，查处案件近1.3万起，打击处理2万余人，通过办案收回林地近10万余亩。二是在“清网行动”中，共抓获行动前网上逃犯2 805名，清网率达到92.2%，10个省（自治区）达到100%。三是在林区禁毒工作中，查获毒品案件37起，抓获犯罪嫌疑人33名，查获吸毒人员90名；共缴获海洛因22.63千克、冰毒29.2千克、易制毒配剂盐酸4 548.6千克。山西省森林公安局等6个单位受到国家禁毒办通报表彰。四是组织开展了全国森林公安民警首次基本级执法资格考试，4.45万名民警取得了基本级执法资格。

2011年，森林公安警务保障不断加强。中央财政下达森林公安转移支付资金5.4亿元，同比增长了8%。各省（自治区、直辖市）落实配套资金2.18亿元。落实中央财政森林公安警用装备建设资金4 300万元。中央投资7.38亿元的中西部地区森林公安派出所建设项目继续推进，开工率超过70%，项目完成后将建成3 355个规范化派出所；大部分市县级森林公安局业务技术用房项目纳入了当地政法基础设施建设规划，湖北、安徽等省已经率先启动建设，云南省落实项目资金近1亿元。

（四）林业有害生物防治

2011年，全国主要林业有害生物发生面积为1 168万公顷，与2010年发生面积基本持平，其中：虫害发生846万公顷，病害发生120万公顷，鼠（兔）害发生202万公顷。全国重度发生面积77万公顷，与2010年同期相比，发生面积下降28.6%。另外，有害植物发生16万公顷。

全国主要林业有害生物成灾率控制在5.1‰以下，无公害防治率达到82%以上，测报准确率达到84%以上，种苗产地检疫率达到96%以上。松材线虫病县级发生区、发生面积和病死树数量比2010年分别减少3个、12万多亩和8万多株，继续呈现“三下降”；累计完成美国白蛾防治作业面积7 120多万亩次，鼠兔种群密度和林木被害株率开始下降。加大林业有害生物防治基础设施建设，批复项目44个，总投资4.45亿元。

2011年，森林有害生物防治工作有序推进。一是全面部署林业有害生物防治工作。先后印发了《国家林业局关于进一步加强林业有害生物防治工作的意见》和《全国林业有害生物防治建设规划（2011～2020年）》。对今后一个时期的林业有害生物防治工作进行了全面谋划和部署。二是推进防治责任落实。经国务院同意，与31个省（自治区、直辖市）人民政府签订了《2011～2013年松材线虫等重大林业有害生物防治目标责任书》，对16个省（自治区、直辖市）政府签订的《2008～2010年松材线虫病防治（预防）目标责任书》落实情况进行了考核验收；印发《关于下达“十二五”林业有害生物防治目标管理指标的通知》；政府和林业部门“双线”责任制得到有效落实。三是强化了灾害监测、预警工作。制定了《全国主要林业有害生物灾害统计、调查方法》；及时发布了全国林业有害生物2010年发生情况和2011年发生趋势报告，建立了重大、危险和突发林业生物灾害应急“周报告”。四是加强林业植物检疫。发布了松材线虫病、美国白蛾疫区公告，开发了植物检疫追溯信息系统，并组织开发了危险性有害生物的风险评估工作。五是推动防治机制创新。规范和加强了省际间和区域的联防联治，提高了社会化防治程度，完善了网络森林医院建设。六是提高防治技术水平。推广和应用了松材线虫PCR荧光快速监测技术、信息素防治、飞机防治技术、高射程车载喷药技术、灭虫药包施药技术等一批新型先进防治技术。

（五）野生动物疫源疫病监测防控

2011年，全国共报告47起野生动物异常情况，37种约21 286只（头）野生动物死亡，仅发现1起较大疫情和1起一般疫情，实现重大及以上级别野生动物疫情零发生。与2010年相比，野生动物异常情况报告数基本持平，较大野生动物疫情起数减少1起，一般疫情减少3起。

2011年，全国野生动物疫情防控工作成效明显。一是积极开展日常监测和疫情隐患排查，全国实现野鸟禽流感等突发重大野生动物疫情零发生。二是组织召开了全国野生动物疫源疫病监测防控现场经验交流会议，总结交流近年来监测防控工作经验。三是野生动物疫源疫病监测信息网络直报系统建成并在全国范围内正式运行，提高了信息传输的时效性和安全性。四是边境联防联控试点工作正式启动。五是开展了野生动物疫源疫病主动监测预警试点工作，主动监测预警技术和突发野生动物疫病应急处置管理培训圆满完成，《野生动物疫源疫病监测防控管理办法》进一步完善。六是初步建成了以2处野生动物疫病研究中心为主体的国家级科技支撑平台，初步建立了野鸟源流感病毒和新城疫病毒毒株库。七是成功举办“亚太区域野生动物疫病防控与管理国际研讨会”，与联合国粮农组织就组建野生动物疫病专门工作组事宜达成初步意向，中美自然保护议定书事宜谈判进展顺利。

（六）林业科技

2011年，林业科技项目持续增加。林业公益性行业科研专项、国家科技支撑计划、国家重大科技专项、中央财政林业科技推广示范资金专项、农业科技成果转化项目等中央财政预算项目达到850项。

林业科学技术研究　2011年，林业科学技术研究顺利推进，成效显著。一是将“现代林业”列为国家科技“十二五”规划的单独领域，将林业生物质能源、应对气候变化等纳入国家综合性规划，“林业科学和技术‘十二五’发展规划”得到进一步完善。二是组织实施了近200项具有全局性、前瞻性的重大项目，做好“十二五”科技储备与技术支撑。三是围绕产业科技和生态科技形成了一批具有重要影响的创新成果。一方面产业科技取得新突破，有效推动林业产业转型升级，培育出经国家审定的高产油茶新品种45个，单产增加10倍以上，初步建立起油茶产业科技支撑体系；突破了高强度木结构材制造等木竹材深加工技术；高分子育种、新型生物质材料、生物质能源新产品开发等战略性新兴产业迅速发展。另一方面生态科技成效显著，生态工程建设支撑能力进一步增强。森林和林业活动碳计量相关方法学研究取得新进展，初步建立符合国际规范的国家碳计量体系；突破了黄土干旱阳坡植物修复等困难立地造林技术；编制了全国实地分类分级系统，建立了生物环境恢复与水体处理技术体系；建立了沙区多种土地退化类型的综合防治模式；制定了生态文明评价指标体系（ECCI）,实现了生态文明建设定量评价。

林业科学技术推广 2011年，林业科学技术推广成效显著。一是继续实施中央财政林业科技推广示范资金项目，加大木本粮油生产栽培，困难立地造林，优良经济林（花卉）品种繁育及丰产栽培技术，森林资源培育技术，林特资源开发及高效利用技术，重大森林病虫害防治技术等推广应用，共组织实施推广项目282项，在全国31个省、自治区、直辖市实施。二是加大林业科技推广机构能力建设，为河北、山西等30个省（自治区、直辖市、计划单列市、新疆生产建设兵团）202个基层重点林业科技推广站安排投资2 000万元，购置开展林业科技推广、技术服务等必要的仪器设备和设施。三是组织实施农业科技成果转化资金项目17项，转化应用林木新品种42个，繁殖培育苗木近1 400万株，建立示范生产线15条，实现销售收入约7 500万元。四是继续深入开展“林业科技特派员科技创业行动”，启动了林业科技特派员示范基地建设，组织2 111名林业科技特派员深入林业生产一线创业。五是批复认定了江西樟树工程中心和湖北生物产业基地，建立科技成果转化平台，促进林业技术工程化、产业化、带动产业优化升级。

林业标准化建设 2011年，林业标准化建设有序推进。一是加强林业标准制修订工作，发布91项林业行业标准，组织开展林业行业标准计划项目135项、木制品等国际标准研究6项。二是完成森林消防和林业有害生物防治2个技术委员会的筹建工作。三是配合国际标准化组织（ISO）工作，参加国际标准研讨论证。四是大力开展标准化示范区建设，围绕木本粮油、林下经济发展，重点建设了油茶、核桃等10项全国林业标准化示范区、14个国家农业标准化示范区。2个标准化示范区获得“全国农业标准化优秀示范区”荣誉称号。五是加强林产品质量安全监管，将《林产品质量安全管理办法》列入年度立法计划，将林产品质量安全监管等内容纳入《森林法》修订范围，启动核桃、枣等食用林产品质量安全监测工作和木质地板行业监督抽查工作。

林业科技成果 2011年，林业科技取得丰富成果。一是完成了年度到期项目的验收工作，59项林业公益性行业专项项目通过验收，认定成果46项；81项948项目通过验收，认定成果57项；18项局重点项目通过验收，认定成果10项。二是登记林业科技成果318项，其中：软科学类3项，基础理论类13项，应用技术类302项。三是“森林计测信息化关键技术与应用”获国家技术发明二等奖励，“南方砂梨种质创新及优质高效栽培关键技术”、“核桃增产潜势技术创新体系”、“防潮型刨花板研发及工业化生产技术”、“主要商品盆花新品种选育及产业化关键技术与应用”、“银杏等工业原料林树种资源高效利用技术体系创新集成及产业化”等5项成果获国家科技进步二等奖励。

林业科技条件建设 2011年，林业科技条件建设得到加强。一是“林木遗传育种国家重点实验室”获正式批复，进入筹建阶段。二是制定了加快生态站网建设的最新建设方案，30个新建站点的论证咨询工作全面完成，林业生态站建设被国家发改委列入重点建设内容，预计在未来3～5年将基本完成生态站网站点布局和基本建设。三是积极推进永久性国家林业综合实验基地建设，支持相关单位在山东冠县建立了“北方平原林业创新与良种示范基地”，福建三明市建立“南方综合实践基地”。

林业植物新品种保护 2011年，植物新品种保护成效显著。一是共受理国内外品种权申请139件，比2010年增加了56.2%，对52个新品种权申请进行了实质审查，授权11件。起草了林业植物新品种权审批规则，公开征集了第五批林业植物新品种保护名录。二是强化林业植物新品种测试工作。完成了12项月季新品种测试；编制了桉属、枸杞属等8个测试指南；举办了2期林业植物新品种保护测试技术培训班；完成了竹子等3个测试站验收工作；召开了林业植物新品种测试机构经验交流会。三是强化林业植物新品种行政执法。制定了《林业植物新品种保护行政执法管理办法》和《林业植物新品种保护专项行动实施方案》，开展了林业保护知识产权专项行动督查工作。

林业转基因生物安全管理 2011年，林业转基因生物安全管理工作取得重要进展。一是共受理转基因林木工程活动安全审批行政许可申请5项，评审并许可4项，1项延期评审。二是完成《卡塔赫纳生物安全议定书》第二次国家报告林业部分的编制工作。三是安排5项转基因生物安全性监测项目，编辑出版了年度监测报告汇编，召开了年度林业转基因生物安全监测工作座谈会。四是制定了《林业转基因生物安全监测管理办法》和《转基因林木环境安全监测技术规程》，完成了《生物安全议定书》第二次国家报告的编写工作。

林业生物遗传资源保护管理 2011年，林业生物遗传资源管理工作有序推进。一是按照联合国粮农组织的要求，成立了国家委员会和技术工作组，完成了《中国林木遗传资源国家报告》。《国家报告》包括中国林木遗传资源的多样性状况、原地保存状况等8项内容。二是启动了油茶遗传资源调查编目工作，编制完成《油茶遗传资源调查编目技术规程》。三是开展了遗传资源获取与惠益分享有关法律法规政策研究。

森林认证 2011年，森林认证工作成效显著。一是筹备成立了“国家林业局森林认证工作领导小组”和“中国森林认证管理委员会CFCC”。二是完成了与森林认证认可计划（PEFC）互认文件编制，CFCC正式成为PEFC国家会员。三是启动了集体林认证和人工林团体认证审核试点。四是启动《中国森林认证 森林经营》和《中国森林认证 产销监管链》两个标准升国标的工作，同时完成《中国森林认证 森林生态环境服务》等四项行业标准的起草工作和专家咨询工作，启动了非木质林产品认证标准、审核导则、竹林认证审核导则等技术规范的编制工作。五是举办了森林认证国际研讨会和中国森林认证体系专题展览，印制了中国森林认证宣传册。六是开展了森林认证成本效益分析、森林认证产品纳入政府采购政策研究。

林业知识产权保护 2011年，林业知识产权保护得到加强。一是制定了《国家林业局贯彻实施<国家知识产权战略纲要>指导意见》。二是启动了第二批29家林业知识产权试点。三是开通了《中国林业知识产权网》，发布了《2010林业知识产权年度报告》，完善了知识产权基础数据库，建成了林业知识产权信息平台。四是开展了专利产业化推进工程和试点项目，在55家试点单位中选择了三项重点专利开展专利产业化推进工程，选择了8家试点单位开展知识产权战略制定等工作。

国外智力引进 2011年，林业领域智力引进稳步推进。组织了5个引智出国（境）培训团组，共培训88人。引进国外专业人才200多人次，组织实施了两项引智示范基地项目、2个引进国外高端人才项目，推荐澳大利亚专家获得了国家"友谊奖"，提升了现代林业建设水平。

（七）林业教育

招生 2011年，全国普通高等林业院校招收研究生和其他高等学校科研单位招收林科研究生共7 052人，比2010年增长5.84%；林业学科博士、硕士研究生招生4 218人，比2010年增长3.43%。全国普通高等林业院校招收本、专科生和其他高等学校林科招收本、专科生共62 873人，比2010年增长2.44%；林科专业本、专科招生41 206人，比2010年增长6.72%。中等林业（园林）学校招生和其他中等职业学校林科共招收学生94 114人，比2010年下降32.13%。

毕业生 2011年，全国普通高等林业院校和其他高等学校、科研单位林科专业输出博士、硕士毕业生5 554人，比2010年增长2.89%。其中，林业学科博士、硕士毕业生3 623人，比2010年下降6.19%。全国普通高等林业院校和其他高等学校林科本、专科毕业生55 511人，比2010年增长5.13%；其中，林科专业本、专科毕业生34 864人，比2010年增长5.89%。全国中等林业（园林）学校和其他中等职业学校林科毕业生共51 662人，比2010年增长18.21%。

教育、教育改革及成果 2011年，国家林业局印发了《关于进一步加强林业人才工作的意见》、《全国林业人才发展"十二五"规划》、《全国林业教育培训"十二五"规划》，全面加强"十二五"期间林业教育和人才工作的宏观指导。林业教育发展成果显著。一是国务院学位委员会、教育部颁布《学位授予和人才培养学科目录（2011年）》，增加了生态学、风景园林学2个涉林一级学科，拓展了高层次林业人才培养选拔和林业科学研究的空间。二是国家进一步扩大高等院校单独招生改革试点，部分普通高等林业院校获得面向全国单独招生资格，一批高等林业职业院校获得了在本省（自治区）单独招生的资格。三是教育部、国家林业局等9部门联合印发了《关于加快发展面向农村的职业教育的意见》，召开了加快发展面向农村的职业教育工作会议，进一步推进高中等林业职业院校和涉林专业建设。四是中央财政下拨中等职业教育免学费补助资金，继续实行中等职业学校城乡家庭经济困难学生和涉农（林）专业学生免学费政策。五是林业学科建设和高校共建取得新的进展。成立了国家林业局林业学科建设指导协调小组和专家咨询组，召开了工作会议，进一步明确了林业学科建设的思路。组织了浙江农林大学“竹资源与高效利用”等3个授予博士学位的服务国家特殊需求人才培养项目的论证和推荐工作。

行业培训与人才开发 2011年，林业干部教育培训改革深化。一是推进运行机制改革。深入开展培训需求调研，准确把握组织需求、岗位需求和干部个人需求，建立了体现培训需求的计划生成机制。二是强化内容方式改革。部署了“十二五”期间乡镇林业工作站站长能力测试工作，开展了乡镇林业工作站站长素质能力模型研究，编制完成了《乡镇林业站站长能力测试应知应会1 000题》，建立了试题库，对7 400多名林业工作站站长进行了测试；采用了案例式、体验式、参与式等教学方法。三是开展培训。举办了地方县级领导干部深化集体林权制度改革专题研究班，包括集体林权制度改革典型县分管县长和各省（自治区、直辖市）林业厅局分管厅局长等在内共161人参加了培训。四是强化了林业专题教材制播工作。成立了国家林业局全国党员干部现代远程教育林业教材制播中心，制作了《林下财富行》、《林下经济》等现代远程教育系列片，组织了庆祝建党90周年电视系列展播活动。

林业职业技能鉴定工作稳步发展，技能人才结构进一步优化。2011年，38 114人次通过林业行业职业技能鉴定考核，鉴定规模基本与2010年持平。其中24 433人次获得高级及其以上（技师、高级技师）证书，比2010年增长48.13%。

（八）林业工作站

2011年，全国林业工作站（以下简称林业站）完成基本建设投资69 470万元，比2010年增长33.74%。其中，国家投资12 237万元，地方配套57 233万元。全国新建乡镇林业站413个，866个林业站新建了办公用房，1 106个站配备了通讯设备，1 314个站配备了机动交通工具。

截至2011年年底，全国有地级林业站282个，管理人员2 473人；有县级林业站2 009个，管理人员20 852人。与2010年相比，地级林业站减少24个，管理人员减少89，县级林业站减少162个，管理人员减少1 169人。全国建立乡镇林业站27 943个，其中，为县级林业主管部门派出机构的站9 514个，占34%，县、乡双重管理的站7 011个，占25%，乡镇管理的站11 418个，占41%。与2010年相比，全国乡镇林业站数量减少169个，派出机构的比例减少了2%，双重管理体制的比例减少了5%，乡镇管理的比例增长7%。全国乡镇林业站核定编制

116 922人，现有在岗职工129 314人，其中，长期职工126 606人，与2010年相比，核定编制数减少2 765人，在岗职工人数减少了7 145人，长期职工减少6 400人。在岗职工中，经费渠道为财政全额的99 830人，占77%，所占比例较2010年增长5%；林业经费9 062人，占7%，财政差额10 069人，占8%，所占比例都比2010年下降1%。

2011年，林业站长期职工大专以上学历61 508人，占48.6%，所占比例比2010年增长1.6%；中专、高中学历55 890人，占44.1%，初中以下文化程度9 208人，占7.3%，所占比例分别比2010年下降0.9%和0.7%。2011年，全国完成林业站站长培训15 948人，站员培训47 763人。林业站职工参加林业大中专班、农广校中专班、专业证书班毕业生人数为2 171人，在校生人数为2 758人，新入学人数为857人。

2011年，全国林业站加强能力建设，切实履行职责，工作成效明显。一是在全国在165个县（市、区）开展了林业重点工程区林业站建设重点县工作，为1 960个乡镇林业站配备了必要的设施设备。在全国选取93个乡镇林业站开展了标准化林业站建设试点工作。二是全年共指导组织完成造林面积369.7万公顷，指导组织完成封山育林面积123.6万公顷，四旁植树20亿株，育苗面积32.9万公顷，抚育作业面积881.3万公顷，森林病虫鼠害防治面积498.1万公顷，采伐设计面积169.5万公顷。三是加强了对73.7万乡村护林员的管理指导，其中专职29.5万人，兼职44.2万人。四是全年受理林政案件近9.0万件，参与调处林权纠纷8.1万件，受理林业承包合同纠纷3.9万件。五是加强了对全国2.8万个集体林场、1.1万个联办林场和2.4万个户办林场的业务指导和管理。2011年，全国共有12 744个乡镇林业站受上级林业主管部门的委托行使林业行政执法权，10 615个乡镇林业站加挂了野生动植物保护管理站的牌子，1 620个乡镇林业站加挂了林业仲裁委员会牌子，分别占乡镇林业站总数的45.6%、38.0%和5.8%。2011年，全国林业站共建立科技示范基地101万公顷，推广面积182万公顷，建立站办林场1 155个。

（九）国有林场

截至2011年年底，全国有国有林场4 507处，经营面积0.62亿公顷，其中林业用地面积0.55亿公顷，森林面积0.45亿公顷，森林蓄积量23.4亿立方米，分别约占全国林业用地面积、森林面积和森林蓄积量的18%、23%和17%。在0.55亿公顷的林业用地面积中，公益林面积0.4亿公顷，其中国家重点公益林0.27亿公顷，2 465个国有林场纳入了中央森林生态效益补偿范围。国有林场共有职工66.1万人，其中在职43.5万人，离退休22.6万人。2011年，国有林场职工人均工资11 966元，离退休职工人均工资14 507元，分别比2010年增加21.05%和11.29%。

投资　2011年，各级政府投入国有林场资金103.8亿元。其中：机构运行支出22.6亿元；财政专项资金49.6亿元，包括天然林资源保护工程7.2亿元，森林生态效益补偿基金15.3亿元，森林培育8.6亿元，石油价格补贴6.4亿元，贫困国有林场扶贫资金2.9亿元，政府性基金5.2亿元，其他2.4亿元。按投入层级分：中央投入52.5亿元，省级投入22.4亿元，地市级投入12.3亿元，县级投入16.6亿元。

基础设施建设 2011年，国有林场基础设施建设成效明显。一是继续实施国有林场危旧房改造工作，确定改造国有林场危旧房18.5万户，安排中央投资18.5亿元。二是国有林场供电基础设施建设项目开始启动。国家发改委下发《关于下达农村电网改造升级工程2011年中央预算内投资计划的通知》（发改投资[2011]1392号），将国有林区（场）电网改造升级工程列入了2011年投资计划，并就投资安排原则提出了明确要求。同时，国家林业局下发《国家林业局办公室关于做好2011年国有林区（场）电网改造升级工作的通知》，对各省做好国有林区（场）电网改造升级工作做了具体要求。三是国有林场广播电视覆盖工作取得突破。国家发改委和国家广电总局联合下发的《关于做好2011年广播电视村村通中央投资下达工作的通知》，明确将国有林场纳入广播电视村村通工程建设范围。据统计，已有80 165户国有林场职工享受了中央补助政策，每户补助120元。

扶贫 2011年，国有林场扶贫工作成效明显。全年共安排国有贫困林场扶贫资金2.9亿元，支持了28个省（自治区、直辖市）720个国有贫困林场的752个项目。2011年，林场扶贫项目共维修、改造危旧房面积17万平方米，维修和新建林区道路1 263.6千米，打机井144眼，建蓄水池68个，铺设输水管道284.5千米，新建和改造输电线路223.7千米；营造速生丰产林45 182亩，培育珍稀树种2 750亩，毛竹林低产改造2 800亩，建设种苗基地6 884.7亩。

改革 2011年，国有林场改革顺利推进。一是2011年1月19日，国家发改委、国家林业局联合下发《关于开展国有林场改革试点的指导意见》（发改办经体[2011]142号），选择部分具有代表性省份先行开展国有林场改革试点。按照《意见》要求，江西、湖南、山东等省（市）全面推进国有林场改革，浙江、河北、安徽等省（市）选择部分市、县开展国有林场改革试点。二是2011年11月14日《国有林场管理办法》颁布实施，有效保障了国有林场改革顺利推进。

效益 2011年，国有林场营业总收入126.6亿元，总成本138.9亿元。亏损林场2 112个，占林场总数的47%，比2010年下降1.4%，亏损林场亏损总额20.4亿元，比2010年减亏2.8亿元。以木材为主的种植业依然是国有林场营业收入主要来源，其中全年木材产量1 036万立方米，销量1 086万立方米，销售收入68.4亿元；纤维板全年产量84.4万立方米，销量84.1万立方米，销售收入10.1亿元；苗木销售收入9.6亿元；旅游服务业收入2.3亿元。

（十）森林公园

截至2011年年底，全国共建立各级森林公园2 747处，总规划面积达1 706.3万公顷，占国土面积的1.77%，其中国家级森林公园746处，国家森林旅游区1处，规划面积1 176.48万公顷。森林公园共有职工15万人。

投资和建设 2011年，全国森林公园共投入建设资金313.1亿元，比2010年增长63%，森林公园基础设施条件不断改善。至2011年年底，全国森林公园拥有道路6.03万千米，拥有接待床位72.75万张、餐位127.87万张、旅游车（船）3.11万台（艘）。

保护和培育 《全国主体功能区规划》中，明确将国家森林公园列为国家禁止开发区域，要求依据法律法规规定和相关规划实施强制性保护，严格控制人为因素对自然生态和文化自然遗产原真性、完整性的干扰，并要求将省级及以下森林公园列入省级层面禁止开发区域。国家林业局令第27号公布《国家级森林公园管理办法》，首次明确了国家级森林公园的主体功能是保护森林风景资源和生物多样性、普及生态文化知识、开展森林生态旅游，同时对主体功能无法发挥或森林风景资源质量达不到等级标准的国家级森林公园，做出了撤销的规定。7月18日，中央机构编制委员会办公室批复在国家林业局国有林场和林木种苗工作总站加挂“国家林业局森林公园保护发展中心”牌子，从国家层面确立了国家林业局对森林公园的保护管理职能。各地切实强化森林公园的资源保护管理，湖南省人大将森林公园管理作为省人大监督执法的重要内容，黑龙江、江西等省确定2011年为森林公园工作“法制年”，在全系统开展了森林公园执法检查。同时，各森林公园积极加强资源的保护和培育。2011年全国森林公园用于资源培育和生态保护的投资达43.2亿元，比2010年增长70.7%，共营造风景林10.3万公顷，改造林相15.8万公顷，森林公园的资源和环境质量持续提高。

公共生态服务 各森林公园积极创造条件实行低门票甚至免收门票措施，为广大居民的日常休闲娱乐提供便利。据对18个省（自治区、直辖市）的初步统计，2011年共有228处森林公园实现免费开放，本年度享受免票福利的游客达7 000多万人次，比例高达全国森林公园旅游总人数的15%。

（十一）林业信息化建设

2011年，林业信息化建设科学谋划，系统部署，工作迈上新台阶。

首抓战略谋划，推动林业信息化建设 一是2011年初，制定印发了《全国林业信息化发展“十二五”规划》，提出了“十二五”时期林业信息化的发展思路、建设目标、建设任务和保障措施等；组织开展了中国林业信息化发展战略研究和中国林业信息化发展政策及体制机制研究，组织编写了《中国林业信息化发展战略研究报告》。二是筹备召开了第二届全国林业信息化工作会议，举办了第二届全国林业信息化高峰论坛和第二届全国林业信息化成果展。三是大力强化合作意识，积极借助外部优势力量，不断形成推进林业信息化的强大合力。国家林业局与中国电信集团签署了战略合作框架协议，与工业和信息化部合作积极推进了“国家林业信息化服务产业园”项目建设，成立了全国林业信息化专家咨询委员会。

强化工程建设，提升林业信息化整体素质 一是实施了林业资源综合监管服务体系试点建设项目，积极推进中国林业网络博物馆、中国林业网络博览会、网络植树项目建设；整合了省级林业门户网站，建设上线了森林公园、自然保护区、国有林场、种苗基地等林业实体单位专门网站；启动国家物联网试点示范、林业云计算、林业卫星应用、等级保护等项目；组织开展“信息援藏”工作，建立了西藏林业网。二是国家林业局在实现无纸化办公的基础上，正式启用移动办公系统。优化国家林业局办公网功能与栏目设置，完成办文、办会、办事5万多件。加强中国林业网（国家林业局政府网，国家生态网）应用服务，形成更加完善的中国林业网站群，发布各类政务信息20余万条，政府文件500多件，举办10多次在线访谈和在线直播活动，日访问量突破30万次。组织举办了中国林业网首届全国生态作品大赛等活动。三是加强了国家林业中心机房安全管理及维护，优化网络运行维护工作流程，提高了网络运行维护规范化水平。加强软件正版化工作，完成局本级、直属单位软件正版化检查、采购及部署工作。举办了消防安全知识讲座，开展了消除安全隐患排查。

坚持“以上促下”，推动全国林业信息化协调发展 一是示范带动。启动了第二批全国林业信息化示范省建设，确定北京、山西等省（直辖市）为示范点。各示范省（直辖市）加大了资金、政策、技术、人才等方面投入，取得了一批示范成果。二是检查推动。赴各地进行检查指导，推进各地工作。河南、湖南等省召开了全省林业信息化工作会议，绝大部分省区制定了《林业信息化发展“十二五”规划》。三是测评促进。研究制定了全国林业信息化发展水平评测指标体系，并将其作为一项重要指标，纳入现代林业发展水平考核范畴，发布了《全国林业信息化发展水平评测报告》。评选出全国林业十佳网站和国家林业局十佳网站；开展了信息化全面推进3年来和年度全国林业信息化10件大事评选。

夯实基础工作，提升林业信息化管理水平 一是加强制度建设。修改完善了《国家林业局信息办（信息中心）工作规则》、《国家林业局信息办（信息中心）行政公文处理细则》等8项制度，印发了《全国林业省级单位机房建设管理规范》。二是加强资金管理。制定了《财务资产管理制度》、《林业信息网络项目运行维护财政预算资金管理办法》。加强了办公设备、固定资产管理，规范了财务运行等工作。三是加强舆情监测。规范了信息发布审批机制，强化了网络泄密失密防范工作；编辑《今日网情》100期，确保林业部门主管领导及时掌握相关舆情。四是加强文印管理。更新了办公设备，强化了移动办公值守。五是加强标准建设。6项标准即将正式颁布实施，6项标准即将完成评审工作，12项标准正在抓紧推进。申报了9项2012年标准项目。建设了林业信息化标准库。六是设置了信息办子网站，坚持每天发布信息。编纂印发了《中国林业信息化发展报告2010》

和《中国林业信息化发展报告2011》。

（十二）林业职工队伍

2011年，全国林业系统有各类经济单位46 283个，其中国有经济单位45 991个，集体单位165个，其他各种经济单位127个。在国有经济单位中，企业2 123个，事业39 790个，机关4 078个，分别占国有经济单位总数的4.61%、86.52%和8.87%。国有经济单位中，有39 312个经济单位从事农林牧副渔业，占国有经济单位总数的85.48%。

2011年，林业系统在册职工总数165.70万人，比2010年下降2.66%。其中，在岗职工131.28万人，下岗待安置职工人数14.88万人，离开本单位仍保留劳动关系人员19.54万人，分别占在册职工人数的79.23%、8.98%和11.79%。在所有在岗职工中，女性职工35.83万人，占在岗职工总数的27.29%。2011年，林业系统其他从业人员4.12万人，比2010年减少16.49%；年末实有离退休人员98.39万人，比2010年增长1.22%。

2011年，在岗职工年平均工资23 611元，比2010年增长16.68%。其中，国有单位在岗职工年平均工资23 771元，比2010年增长16.60%，集体单位在岗职工年平均工资4 784元，其他各种经济单位在岗职工年平均工资16 925元，比2010年增长 50.02%。

专栏9 江西国有林场改革稳步推进

1. 改革的背景

江西国有林场的基本特点。一是林场数量多、面积大。全省国有林场421个，约占全国1/10，其中事业性质的202个、企业性质的219个。全省国有林场经营面积2 618万亩，约占全省林业用地面积的1/6；活立木蓄积9 264万立方米，约占全省的1/4。二是职工人数多。全省国有林场职工总数9.72万人（其中在职5.66万人、退休4.06万人），约占全国的1/6。三是遗留问题多。全省国有林场总负债达47.95亿元，人均负债4.9万元；尚有34.6%和42.4%的国有林场职工没有参加基本养老保险和基本医疗保险。

江西国有林场发展面临困境。长期以来，由于管理体制不顺、经营机制不活、政策支持不到位等原因，全省国有林场可采资源下降、发展资金短缺，陷入资金、资源双重危困局面，形成了“基础设施不如农村、自主经营不如农业、生活水平不如农民”的状况，国有林场发展举步维艰，改革迫在眉睫。

江西省委、省政府高度重视国有林场改革。江西省委、省政府在国有工业企业改革任务顺利完成的基础上，启动了国有林场改革，下发了《关于推进国有林场改革的指导意见》（赣府发[2011]8号），成立了省国有林场改革领导小组。省财政先行安排6亿元的国有林场改革补助资金，为国有林场改革顺利开展提供坚强保障。

2. 改革的内容

一是全面整合重组，实施分类管理。对全省国有林场进行整合重组，将每个县（市、区）的国有林场整合重组为1～3个国有林场，并根据其承担的主要任务，分别界定为生态公益型林场和商品经营型林场，实施分类经营、分类管理。二是妥善安置职工，建立新型劳动关系。全面落实林场职工养老、医疗保险等社会保障，妥善解决“老有所养、病有所医”问题。坚持改革用工制度，全面建立事业单位聘用制和企业单位劳动合同制为基础的国有林场劳动用工制度。转换身份的林场职工，主要采取货币补偿、林权承包、股权分配等方式进行妥善安置。三是引进战略投资者，做大做强国有林场。引进有实力的战略投资者参加国有林场改革，加大资源整合和重组力度，组建新的股份有限公司，培育拟上市企业，实现国有资产保值增值。四是剥离社会职能，实行属地管理。将原由国有林场所办的学校、医疗单位等社会管理职能，实行属地管理。国有林场的离休干部，全部转由其主管部门管理，实行财政供养。五是规范处置国有资产，妥善化解债务负担。国有林场经营性债务，通过处置资产所得予以偿还，不足部分通过与金融机构洽谈，争取核销。

3. 改革的进程

开展调研，摸清国有林场家底 2010年6月，组成10个调研组深入全省每个县（市、区），对每个国有林场进行了全面调查摸底。2011年又联合省人保厅等有关部门就社保、特殊工种、金融债务、基础设施等问题进行了专题调研，全面摸清了国有林场家底，为推进国有林场改革奠定了基础。

召开会议，部署和推进国有林场改革 一是2011年4月25日，江西省政府召开了全省国有林场改革动员大会，全面动员部署全省国有林场改革工作。各市、县政府主要领导和分管领导及重点国有林场负责人全部参加会议。二是2011年9月30日，江西省政府召开了全省国有林场改革推进会，就国有林场改革进行了再动员、再部署。

出台政策，规范开展国有林场改革 一是江西省人民政府颁布了《关于推进国有林场改革的指导意见》，明确了国有林场改革指导思想和基本原则、改革的对象和总体目标等，成为指导全省国有林场改革的纲领性文件。二是省林业厅会同省人保厅出台了国有林场特殊工种办理提前退休政策的具体操作办法。明确了国有林场职工提前退休工种范围和审批工作程序等政策措施。三是省林业厅会同省人保厅、省财政厅即将出台未参保国有林场及其职工参加基本养老保险政策。四是省国有林场改革试点工作领导小组制定了《江西省国有林场改革评估验收办法》，明确了国有林场改革评估验收标准和程序，保障了江西国有林场改革规范、稳定、顺利开展。

制定方案，稳步推进国有林场改革 一是江西省政府分向国家发改委、国家林业局报送了《江西省国有林场改革试点方案（送审稿）》，根据《国家发展改革委办公厅国家林业局办公室关于开展全国国有林场改革试点工作的复函》（发改办经体[2011]2498号）要求，对方案进行了修改完善，确定了最终方案。二是省国有林场改革领导小组办公室下发了《关于编制国有林场改革方案的通知》，要求各县（市、区）制定国有林场改革方案，经所在设区市政府审核后，报省国有林场改革领导小组审批。

总结经验，主推四种改革模式 为积极稳妥地推进国有林场改革，江西省总结了4种比较成功的改革模式在全省大力推广。一是整合林场，引进战略投资者的全南模式。全南县将8个国有林场进行整合，引进战略投资者合作经营。二是整合资源，打造上市公司的崇义模式。崇义县将10个以经营商品林为主的林场整合组建成投资公司，并以其中4个林场的优质林木资产2.4亿元绝对控股，成立了崇义县林业股份有限公司，计划在2～3年内上市。三是搞活职工，商品林资源承包经营的贵溪模式。贵溪市在稳定国有林权属的前提下，放活毛竹林等商品林经营权，把国有林场毛竹林租赁给转换身份的职工承包经营；或职工以安置补偿金参股，实行股权置换、按股分红。四是林场股份改造，职工持股经营的大余模式。大余县将4个商品型林场整合组建公司。其中政府以林木资产控股31%，其余69%的股份主要用于林场职工身份置换和向社会公开招股募资，置换身份的职工以安置补偿金作为股金入股，各股东每年按股份分红。

4. 改革的效果

江西省通过国有林场改革，建立社会保障体系，妥善安置职工，建立新型体制机制，资源增长、林场增效。截至2011年年底，全省国有林场累计转换职工身份人数30 353人；已有7.69万名职工参加基本养老保险，占职工总数的79.1%；有8.39万名职工参加医疗保险，占职工总数的86.3%；有30多个县开展了林场整合重组，6个县引进了战略投资者；国有林场自办的医院、学校已基本剥离。从已上报改革方案的56个县（市、区）来看，拟将原有的256个林场整合重组为108个林场，有效地降低了林场运营成本，提升了林场效益，增加了森林资源。

专栏10 全国林地“一张图”建设

全国林地“一张图”建设是贯彻落实《全国林地保护利用规划纲要（2010～2020年）》的重要内容。全国林地“一张图”建设，在全国按统一技术标准、统一时点建立林地资源数据库，将全国45.6亿亩林地落实到山头地块情况实现数字化，形成在全国范围内林地位置、边界无缝拼接的“一张图”。信息内容涵盖林地权属、林种、起源、公益林地和商品林地等数据，实现国家和地方相协调的林地“一套数”。全国林地“一张图”建设将于2012年完成，为实现“以规划管地，以图管地”提供重要支撑。未来全国林地“一张图”通过年度更新，将林地使用和变化情况落实到具体地块，极大扩大监管视野，提高监管水平，实现林地和森林资源监管由点到面的战略转变，为保障和拓展林业发展空间、实现林地科学化和精细化管理奠定坚实基础。

I

P107-114

区域林业

- 东部地区
- 中部地区
- 西部地区
- 东北地区

区域林业

我国幅员辽阔，各区域的自然历史条件差异较大，资源禀赋和经济、社会发展不均衡，致使我国的林业发展呈现出明显的区域性特征，各区域的林业发展各具特色。其表现为：东部地区生态状况总体良好，林业经济实力最强，产业结构最为完善，林业产出效益最高，职工收入水平较高，是我国重要的林业经济发展优势区域；中部地区生态建设力度持续加大，产业发展潜力巨大，林业产业发展持续增速；西部地区生态建设与保护任务繁重，林业经济总体产出水平较低，但林副产品生产颇具特色和竞争力，职工收入水平持续提高；东北地区生态保护工作取得成效，林产工业发展有所复苏，职工收入水平较低但持续提高，林区生产力有待进一步解放，以实现由森林资源优势到经济发展优势的转变。

（一）东部地区

东部地区包括北京、天津、河北、山东、上海、江苏、浙江、福建、广东、海南10个省（直辖市）。该区经济实力雄厚，人口众多，林业发展的自然、经济基础较好，生态状况良好，林业产业较为发达，林业发展态势较好，集体林业占据主要地位，是我国重要的林产品生产基地，是我国重要的林业经济发展优势区域。

1. 非公有经济造林活跃

2011年，区内林地面积4 163.85万公顷，占全国的13.61%；森林面积3 248.95万公顷，占全国的16.62%；森林蓄积量为12.27亿立方米，占全国的8.94%；活立木总蓄积量为13.84亿立方米，占全国的9.28%；区内森林覆盖率为35.68%；湿地总面积802.13万公顷，占全国湿地总面积的20.84%；区内生态总体良好为该区经济快速发展奠定了坚实的基础。区内共完成造林面积98.12万公顷，占全国造林总面积的16.36%，所占全国比例比2010年增加3.56个百分点，造林面积比2010年增长29.76%，其中人工造林84.70万公顷。区内集体林权制度改革激活了非公有经济造林的积极性，区内公有经济造林42.50万公顷，占43.32%；非公有经济造林55.62万公顷，占56.68%；两者分别占全国的14.42%和18.24%。区内重点工程造林41.37万公顷，占该区总造林面积42.17%。

截至2011年年底，东部有自然保护区536个，占全国的25.21%；面积为409.23万公顷，占全国的3.34%。区内共有林业系统森林公园1 181处，森林公园总面积292.26万公顷，分别占全国的42.99%和17.13%。区内共发生森林火灾1 323次，比2010年增加793次，占全国的23.84%；森林火灾发生率为0.41次/万公顷，比全国平均的火灾发生率高0.12次/万公顷；火灾受害率0.35‰，比2010年偏重发生，预防和控制森林火灾的任务依然艰巨。区内森林病虫鼠害发生面积195.32万公顷，占全国的16.72%；森林病虫鼠害发生率为5.25%；森林病虫鼠害防治率77.16%，但低于2010年防治水平。生态建设成果尚需巩固。

2. 林业产业产出效益显著

2011年，区内林业产业总产值为15 545.50亿元，比2010年增长40.20%，占全国林业产业总产值的50.81%。单位森林面积实现林业产业产值47 847.75元/公顷，是全国平均水平的3.06倍。区内林业旅游与休闲产业收入明显增加，共接待旅游人数5.40亿人次，实现旅游收入521.22亿元，比2010年增长43.65%。区内木材产量2 191.89万立方米，与2010年基本持平，占全国的26.91%；竹材产量78 589万根，占全国的51.06%；区内生产锯材1 467.27万立方米，比2010年略增1.22%；人造板13 344.67万立方米，比2010年增长44.56%；木竹地板43 268.97万平方米，比2010年增长55.57%；三者分别占全国的32.90%、63.79%和68.78%。表明该区林业产业发达，单位森林面积产出能力较强，在全国占有举足轻重的地位。区内生产各类经济林产品总量5 271.05万吨，其中水果和干果产量分别为4 776.77万吨和274.55万吨，分别占全国总产量的39.39%、41.64%和29.61%；林产调料产品、森林食品、木本油料和林产工业原料产品产量分别占全国的27.20%、28.51%、13.58%和18.98%，经济林产品的产出比较高。截至2011年年底，区内年末实有花卉种植面积45.69万公顷；区内共有花卉市场1 353个，比2010年减少了437个；花卉企业27 852个，比2010年增长10.30%；花农58.47万户，花卉从业人员219.71万人，分别比2010年增长2.24%和20.20%。各项指标分别占全国的53.00%、32.97%、65.72%、49.89%和50.79%，该区为我国花卉产业的主要聚集优势区域。林业三次产业结构比由2010年的29.7：65.8：4.5调整为26.5：68.5：5.0；第一产业比例继续下降，第二、第三产业实力进一步增强，林业产业结构持续升级。

3. 单位造林面积投资额为全国之首

2011年，区内完成林业投资672.44亿元，占全国林业总投资额的25.54%，其中国家投资占32.72%。区内每单位林地面积完成投资为1 614.95元/公顷，为全国平均水平的1.88倍；单位造林面积投资额为28 275.84元/公顷，是全国平均投资水平11 034.67元/公顷的2.56倍，单位造林面积投资额居各区之首。区内林业系统在岗职工人数15.85万人，占全国的12.08%；该区的林业在岗职工年平均工资居各区域首位，为33 636元，是全国林业职工平均水平的1.42倍；在岗职工平均工资比2010年增加3 246元，增幅为10.68%。另据国家林业局发布《防护林造林工程投资估算指标》中的森林管护标准定额“以一般山区、林地相对集中连片交通条件较好的地段为基准，每人每年管护150公顷”核算，该区3 248.95万公顷森林面积可创造21.66万人的森林管护长期就业岗位。

（二）中部地区

中部地区包括山西、河南、湖北、湖南、江西、安徽6个省。该区域是我国主要的集体林区省份，林业产业较为发达，作为东部与西部的过渡地带，此区域的林业表现出较强的发展潜力。

1. 林业减灾防灾任务繁重

2011年，区内林地面积4 807.14万公顷，占全国的15.71%；森林面积3 418.39万公顷，占全国的17.49%；森林蓄积量为12.97亿立方米，占全国的9.45%；活立木总蓄积量为14.95亿立方米，占全国的10.03%；区内森林覆盖率为33.30%。湿地总面积493.09万公顷，占全国湿地总面积的12.81%；区内造林面积为134.47万公顷，占全国造林总面积的22.42%，与2010年基本持平；造林面积比2010年增长15.01%；其中，人工造林95.57万公顷。区内公有经济造林43.88万公顷，占32.63%；非公有经济造林90.59万公顷，占67.37%；两者分别占全国的14.89%和29.71%。重点工程造林54.63万公顷，占该区总造林面积40.63%。

截至2011年，区内共有自然保护区531个，占全国的24.98%；面积为537.82万公顷，占全国的4.38%。区内共有林业系统森林公园669处，森林公园总面积235.95万公顷，分别占全国的24.35%和13.83%。2011年，区内共发生森林火灾2 446次，比2010年减少了82次，但仍高占全国的44.07%，森林火灾偏重发生；森林火灾发生率为0.72次/万公顷，是全国平均火灾发生率的近2.5倍；火灾受害率0.3‰，预防和控制森林火灾的任务依然艰巨。区内发生森林病虫鼠害面积221.75万公顷，占全国的18.98%；森林病虫鼠害发生率为5.73%；森林病虫鼠害防治率62.87%。林业主要灾害在这一地区表现仍较为活跃，生态建设成果巩固任务较为繁重。

2. 林业产业发展特色明显

2011年，区内林业产业总产值为6 009.91亿元，比2010年增长31.38%，占全国林业产业总产值的19.64%。单位森林面积实现林业产业产值17 581.12元/公顷，是全国平均水平的1.12倍。区内林业旅游与休闲产业发展迅猛，共接待旅游人数2.17亿人次，比2010年增长17.95%；实现旅游收入642.52亿元，比2010年增长45.11%。区内木材产量1 961.57万立方米，比2010年增长7.76%，占全国的24.08%；区内生产锯材926.48万立方米，比2010年大幅增长了31.91%；人造板3 566.72万立方米，比2010年增长19.06%；木竹地板12 195.50万平方米，比2010年增长了15.46%；三者分别占全国的20.77%、17.05%和19.39%。2011年，区内生产各类经济林产品总量2 905.01万吨，其中水果和干果产量分别为2 384.16万吨和230.54万吨，分别占全国总产量的21.71%、20.78%和24.86%。木本油料种植成为这一区域的特色和优势，中部地区用占全国17.49%的森林面积产出了占全国70%的木本油料产品，该区的林业产业整体水平较强且颇具发展潜力，在全国占有重要的地位。截至2011年年底，区内共有花卉市场1 683个，占全国的41.01%，比2010年增加78个；花卉企业7 206个，比2010年增长9.20%；花农27.93万户，比2010年略有增加；花卉从业人员114.22万人，比2010年增长13.16%。林业三次产业结构比由2010年的44.2：40.7：15.1调整为42.1：41.8：16.1；区内林业第二、三产业所占比重进一步提高，林业产业持续发展，产业结构持续优化。

3. 单位投资水平有待提高

2011年，区内完成林业投资400.23亿元，占全国总投资额的15.20%，其中国家投资占39.22%。单位林地面积投资额为832.58元/公顷，单位造林面积投资额为11 299.84元/公顷，略高于全国平均水平，但与东部地区相比仍有较大差距。区内林业系统在岗职工人数22.36万人，占全国的17.04%；林业在岗职工年平均工资较低，仅为20 978元，系全国平均水平的88.85%；在岗职工平均工资比2010年增加3 345元，增幅为18.97%。该区3 418.39万公顷森林面积可创造22.79万人的就业森林管护长期就业岗位。

（三）西部地区

西部地区包括内蒙古、广西、重庆、四川、贵州、云南、西藏、陕西、甘肃、青海、宁夏、新疆12个省（自治区、直辖市）。该区地域广阔，国土面积占全国总土地面积的七成，尽管森林资源总量大，但生态环境脆弱，林业经济总量较小，产业结构单一，林业建设与保护的任务艰巨。

1. 造林以公有经济和重点工程为主体

2011年，区内林地面积17 708.03万公顷，占全国的57.89%；森林面积11 681.29万公顷，占全国的59.77%，其中人工林占18.68%，低于全国水平大约28个百分点；森林蓄积量为82.71亿立方米，占全国的60.28%；活立木总蓄积量为89.29亿立方米，占全国的59.87%；森林覆盖率为17.05%。湿地总面积1 879.55万公顷，占全国湿地总面积的48.84%。区内造林面积为324.57万公顷，占全国造林总面积的54.13%，所占全国比例比2010年降低3.87个百分点，造林面积比2010年下降5.31%；其中，人工造林199.89万公顷。西部地区一直是我国林业重点生态工程建设的主战场。区内公有经济造林192.23万公顷，占59.23%；非公有经济造林132.34万公顷，占40.77%；两者分别占全国的65.21%和43.41%。区内重点工程造林184.09万公顷，占该区总造林面积56.72%。

2011年，区内的自然保护区个数和面积居各区之首。截至2011年年底，共有自然保护区814个，占全国的38.29%；面积为10 425.27万公顷，占全国自然保护区总面积的84.97%。区内共有林业系统森林公园671处，森林公园总面积707.67万公顷，分别占全国的24.43%和41.47%。2011年，森林火灾和森林病虫鼠害防治工作取得成效。区内共发生森林火灾1 626次，占全国的29.30%，比2010年锐减了2 932次；火灾发生率为0.14次/万公顷，低于全国平均火灾发生率；火灾受害率0.04‰，比2010年明显降低。区内发生森林病虫鼠害面积598.63万公顷，占全国的51.25%；森林病虫鼠害发生率为4.70%；森林病虫鼠害防治率52.14%，与2010年相比，森林病虫鼠害发生状况及危害略有加重，生态建设与保护形势依然严峻。

2. 林业经济总体产出水平较低

2011年，区内林业产业总产值为5 772.06亿元，比2010年增长24.16%，占全国林业产业总产值的18.86%。单位森林面积实现林业产值4 941.29元/公顷，仅为全国平均水平的31.56%，为各区域最低。区内林业旅游与休闲产业持续发展，共接待旅游人数3.12亿人次，比2010年增长16.15%；实现旅游收入495.95亿元，比2010年增长32.20%。2011年，区内木材产量2 939.03万立方米，比2010年增长11.47%，占全国的36.08%；区内共生产锯材1 360.65万立方米，比2010年增长22.07%；人造板3 078.88万立方米，比2010年增长26.17%；木竹地板1 347.36万平方米，比2010年增长10.47%；上述三者分别占全国的30.51%、14.72%和2.14%。西部地区占有全国近60%的森林资源却仅为全社会提供了约30%的木材和锯材，单位森林面积的产出能力显著低于东部和中部地区，表明该区的生态地位重要，同时也说明林业产业发展的基础薄弱，林业经济实力不强。区内生产各类经济林产品总量4 389.59万吨，其中水果和干果产量3 690.65万吨和干果351.15万吨，分别占全国总产量的32.81%、32.17%和37.87%，与2010年相比，水果产量略增加4.90%；干果产量明显增长了38.12%。该区的林产调料产品、木本药材、林产工业原料分别占全国的64.63%、48.89%和57.10%，林副产品生产颇具特色和竞争力。截至2011年，区内共有花卉市场935个，比2010年减少55个；花卉企业6 661个，比2010年增长11.82%；花农26.03万户，比2010年略下降4.38%；花卉从业人员87.10万人，比2010年增长16.16%。林业三次产业结构比由2010年的53.7：34.5：11.8调整为51.9：35.5：12.6；区内第一产业产值比重持续下降，第二产业、第三产业产值比重略有上升，产业结构略有优化。

3. 林业创造了大量就业岗位

2011年，区内完成林业投资1 135.31亿元，占全国总投资额的43.13%，其中国家投资占41.22%。西部地区是国家林业投资的主要区域。该区单位林地面积投资额为641.13元/公顷，系全国平均水平的74.50%；单位造林面积投资额为5 700.93元/公顷，仅为全国平均水平的51.52%，单位投资额为各区最低。2011年，区内林业系统在岗职工人数40.56万人，占全国的30.90%；区内的林业在岗职工年平均工资为27 728元，略高于全国平均水平，居四大地区第二；在岗职工平均工资比2010年增加4 921元。该区11 681.29万公顷森林面积可创造77.88万人的森林管护长期就业岗位。

（四）东北地区

东北地区包括辽宁、吉林、黑龙江3个省。土地面积约为国土面积的一成，但是作为我国历史悠久的林业基地，此区域的森林资源和林业发展在全国范围内具有举足轻重的作用。林业区位熵指数为1.116，林业专业化程度和林业产业集中度为各区最高。国有林区135个森工局有82个分布在该区，国有经济比重较高。

1. 林业灾害防治成效显著

2011年，区内林地面积3 699.17万公顷，占全国的12.09%；森林面积3 175.52万公顷，占全国的16.25%；森林蓄积量为25.67亿立方米，占全国的18.71%；活立木总蓄积量为27.46亿立方米，占全国的18.41%；森林覆盖率为40.22%，为四大区域中最高。湿地总面积673.78万公顷，占全国湿地总面积的17.51%。区内造林面积为40.70万公顷，占全国造林总面积的6.79%，所占全国比例比2010年下降1.84%，造林面积比2010年下降20.22%；其中人工造林24.62万公顷。区内公有经济造林14.38万公顷，占35.33%；非公有经济造林26.32万公顷，占64.67%；两者分别占全国的4.88%和8.63%。重点工程造林27.50万公顷，占该区总造林面积的67.57%。

截至2011年，区内共有自然保护区245个，占全国的11.52%；面积为896.71万公顷，占全国的7.31%。区内共有林业系统森林公园226处，森林公园总面积470.42万公顷，分别占全国的8.23%和27.57%。2011年，区内共发生森林火灾155次，比2010年增加了48次，占全国的2.79%；森林火灾发生率为0.05次/万公顷，火灾受害率0.01‰，均为各区域最低，森林火灾的预防和控制成效显著。区内发生森林病虫鼠害面积152.44万公顷，占全国的13.05%；森林病虫鼠害发生率为4.28%；森林病虫鼠害防治率82.83%，与2010年相比，发生率略有下降，防治率略有提高，生态保护工作取得成效。

2. 林业产值增长较快

2011年，区内林业产业总产值为3 269.26亿元，比2010年增长32.50%，占全国林业产业总产值的10.69%。单位森林面积实现林业产业产值10 295.20元/公顷，仅为全国平均水平的65.77%，林业产出能力仍有较大提升空间。区内林业旅游与休闲产业持续发展，共接待旅游人数0.55亿人次，比2010年增长18.20%；实现旅游收入203.38亿元，比2010年增长56.91%。区内木材产量1 053.43万立方米，比2010年明显下降27.07%，占全国的12.93%，该区的木材产量进一步调减。区内共生产锯材705.85万立方米，比2010年剧增长54.80%；人造板929.01万立方米，比2010年明显增长33.92%；木竹地板6 096.43万平方米，比2010年明显减少了26.74%；上述三者分别占全国的15.83%、4.44%、9.69%。

区内生产各类经济林产品总量814.43万吨，其中水果和干果产量分别为619.48万吨和71.06万吨，分别占全国总产量的6.09%、5.40%和7.66%，与2010年相比，水果和干果产量分别增长34.20%和25.12%。该区森林食品干重占全国总产量的38.53%，是我国森林食品的主产区。区内共有花卉市场133个，比

2010年减少10个；花农4.77万户，比2010年增长47.00%；花卉从业人员11.56万人，比2010年下降58.91%。林业三次产业结构比由2010年的43.6：45.5：10.9调整为42.9：45.1：12.0，产业结构略有提升。

3. 林业职工人数多收入低

2011年，区内完成林业投资410.34亿元，占全国总投资额的15.59%，其中国家投资占61.07%，国家林业公共财政投资力度较大。该区单位林地面积投资额为1 109.27元/公顷，为全国平均水平的1.29倍；单位造林面积投资额为11 594.55元/公顷，与全国平均投资水平基本持平。2011年，区内林业系统在岗职工人数51.64万人，占全国的39.34%；该区的林业在岗职工年平均工资为17 472元，是全国平均水平的74.00%；在岗职工平均工资比2010年增加2 435元，增幅为16.19%。该区3 175.52万公顷森林面积可创造21.17万人的森林管护长期就业岗位。

各区林业发展情况比较见表1、图20。

表 1　各区域林业发展比较

指　标	全　国	东部地区	中部地区	西部地区	东北地区
森林覆盖率（%）	20.36	35.68	33.30	17.05	40.22
人均造林面积（公顷 / 万人）	44.51	19.22	37.57	89.61	37.11
单位森林面积林业产业产值（元 / 公顷）	15 654.33	47 847.75	17 581.12	4 941.29	10 295.20
林业系统在岗职工年平均工资（元 / 年）	23 611	33 636	20 978	27 728	17 472
单位造林面积投资额（元 / 公顷）①	11 034	28 276	11 300	5 701	11 595
林业区位熵（林业专业化程度）②		0.888	0.887	0.892	1.116

注：①单位造林面积投资额＝造林投资完成额/造林面积，与2010年计算口径有所调整；
②林业区位熵=（区域林业产业产值/全国林业产业总产值）/（区域GDP/全国GDP）。

图20　2011年各区域人均造林面积、单位森林面积林业产业产值与林业系统在岗职工年平均工资比较

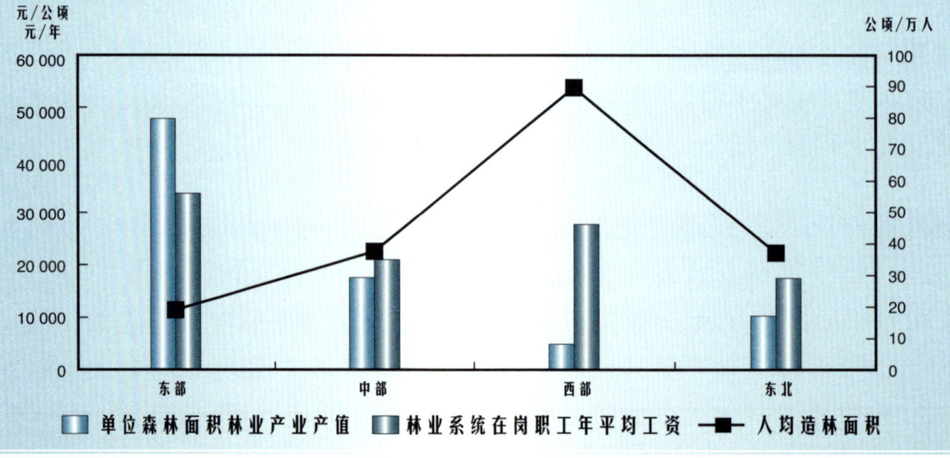

J

P115-122

国际合作与交流

- 经济合作与交流
- 科技合作与交流
- 专项国际合作
- 履行国际公约
- 重要国际会议

国际合作与交流

2011年，国际合作成果丰富。经济合作与交流渠道拓宽；科技合作与交流亮点突出；专项国际合作稳步推进；履行国际公约成效显著。

（一）经济合作与交流

2011年，经济合作与交流取得新进展。一是争取到澳大利亚、日本、全球环境基金无偿援助项目6个，总金额3 030万美元；二是在财政部与欧洲投资银行达成2.5亿欧元林业专项贷款意向后，积极组织有关省区开展项目前期工作；三是对外援助培训项目12个，共计400万美元；四是世界银行贷款“林业综合发展项目”实施进展顺利，截至2011年年底，累计使用世界银行贷款资金1 593.45万美元，累计到位配套资金15 296.05万元；五是《亚行贷款西北三省区林业生态发展项目》1亿美元贷款项目正式实施；六是欧洲投资银行贷款“江西生物质能源林示范项目”和“内蒙古碳汇造林项目”顺利实施。截至2011年年底“江西生物质能源林示范项目”已完成项目造林12 420公顷，占项目总计划造林规模的45.6%。其中：油茶造林11 253公顷，光皮树造林1 167公顷。向欧洲投资银行报账1 200万美元。“内蒙古碳汇造林项目”正式启动，截至2011年年底，完成碳汇造林6 418公顷，报账800万美元。

（二）科技合作与交流

2011年，科技交流与合作渠道进一步拓宽。一是先后签署了《中华人民共和国政府和日本国政府关于打击木材非法采伐及相关贸易支持森林可持续经营的合作备忘录》、《中华人民共和国国家林业局和美利坚合众国农业部关于共建中国园的谅解备忘录》、《<中华人民共和国政府和蒙古国政府关于边境地区森林、草原防火联防协定>实施细则》、《中华人民共和国国家林业局与文莱达鲁萨兰国工业和初级资源部关于林业合作的谅解备忘录》、《中华人民共和国国家林业局和韩国山林厅关于继续开展东北虎繁殖合作的协议》5个政府和部门间双边协议，对外签署的双边协议达到76个。二是续签了《中美自然保护议定书》、《中美林业合作协议》、《中美共建中国园协议》。三是与有关国家召开了6个双边工作组会议，确定了近100个合作项目与活动，双边关系向实质性合作发展。四是通过实施948计划，先后与25个国家开展了300人次的合作交流，引进了美国红枫、檀香紫檀等林木种质资源新品种（系）近100个；引进了小分子RNA分离、实木优选在线检测与控制等先进高端技术40项；引进了木质天然纤维增强复合材料制造设备等当前国际前沿技术10项。

（三）专项国际合作

防治荒漠化国际合作 2011年，防治荒漠化国际合作成效显著。一是推动中非交流，深化合作意愿。举办中非荒漠化防治高级研修班，通过专家讲座、实地考察和互动交流，系统介绍我国荒漠化防治的成效、措施、经验，并提出建立中非防治荒漠化措施交流网络，开展试点合作项目的建议。来自13个非洲国家的30多名司、处级官员参加了培训。二是专业技术服务走出国门，南南合作意向增加。在联合国粮农组织支持下，为亚洲12个国家举办土地退化专业技术培训班；实施了“联合国粮农组织菲律宾土地退化评估技术援助项目”；签订了《南亚国家土地退化评估技术援助项目协议》；派遣专家为库克群岛土地退化评估工作提供技术支持；与阿尔及利亚、伊朗、蒙古、巴基斯坦、尼泊尔、朝鲜等国家商讨防治荒漠化合作事宜。三是东北亚次区域沙尘暴防治合作迈出实质性步伐。联合国亚太经社会东北亚次区域环境机制东北亚沙尘暴防治总体战略试点示范项目启动，中蒙双方联合实地考察，规划示范项目。四是中德合作“北方荒漠化防治框架项目促进合作项目”经验交流、成果推广。召开荒漠化防治技术措施研讨会，促进国家重点工程和国际合作项目管理团队交流和沟通；开展中德合作项目监测指标体系研究、防治荒漠化措施经济影响评估两项专项研究，为完善国家重点生态工程效益监测提供参考；召开气候变化与荒漠化防治中德合作意向交流会，探讨了双方需求和合作途径。

野生动植物保护国际合作 2011年，野生动植物保护国际合作得到加强。一是签订了“中韩老虎繁殖合作协议”；二是筹备和组织召开了“中日合作朱鹮JICA（日本国际协力机构）项目联合协调委员会成立暨第一次会议”和“朱鹮保护30周年国际研讨会”，派团赴韩国参加了“中日韩三国朱鹮保护国际合作研讨会”；三是派员赴印度参加“执行《全球老虎恢复计划》会议”，赴肯尼亚参加了“生物多样性科学政策政府间工作会议”；四是参与筹备“蛇类保护及贸易国际研讨会”，起草了《中国蛇类保护与管理》（国家报告）；五是与美国共同举办了“大熊猫放归研讨会”，完成了向英国提供大熊猫开展合作研究。

湿地保护国际合作 2011年，湿地保护国际合作顺利推进。一是由全球环境资金资助的“加强中国湿地保护体系促进生物多样性保护项目（GEF 5期）”项目进入实施阶段，项目总资金2 600万美元；积极实施中澳、中德、中美等国际合作项目。二是与世界自然基金会合作，在香港米埔国际重要湿地举办了3期国际重要湿地管理培训班，提高湿地保护区管理人员的湿地保护管理水平和管理能力。三是世界湿地日期间，与世界自然基金会联合拍摄播放了《湿地与森林的珍稀动物》；《中国经济周刊》刊载了《湿地之失》的大型专题报道文章；“湿地中国”网发挥了宣传主阵地作用；在杭州中国湿地博物馆组织举办“中国国际重要湿地展示会”。

亚太森林恢复和可持续管理网络 2011年，大力支持和推动亚太森林恢复与可持续管理组织（以下简称“亚太森林组织”）各项筹建和运行工作。一是为亚太森林组织发展和运行提供资金支持。中方资助300万美元支持亚太森林组织在亚太区域开展森林恢复和可持续经营的示范项目、政策对话、能力建设、信息共享等活动。二是积极推动组织机构建设。以业务归口管理部门身份与民政部多次沟通与协调，促成亚太森林组织于4月18日被正式批准为国际性组织；为最大限度地争取国际社会的支持，促成亚太森林组织创造性地建立了技术决策机构——亚太森林组织指导委员会，成员包括中国、美国、澳大利亚等8个APEC经济体以及FAO亚太办公室、美国大自然保护协会；以指导委员会和联络员机制为平台，积极参与《亚太森林组织运行框架文件》、《2011～2015年亚太森林组织战略规划》、《亚太森林组织指导委员会议事规则》等文件的草拟和磋商工作。三是积极推进亚太森林组织内外环境建设，创造良好发展国际氛围。委托亚太森林组织全程参与首届APEC林业部长级会议、亚欧森林可持续管理应对气候变化高级别研讨会、第二届亚太林业周暨第24届亚太林委会等大型活动的组织、设计、对外联络、会务保障等工作，全方位地展现亚太森林组织，提升其国际知名度；通过中方领导人、APEC高级官员等出席林业相关大型活动进一步为亚太森林组织的可持续发展争取各方的支持和承诺；大力支持亚太森林组织开展信息共享和对外宣传，协助出版《亚太地区林业面临的机遇和挑战》、《亚太地区森林资源管理报告》、《中国林权改革经验与成效》、《中国森林生态建设》等中英文出版物。四是巩固发展亚太森林组织伙伴关系，携手推进项目管理工作。借助多边和双边等渠道，推进亚太森林组织与联合国粮农组织、国际热带木材组织、联合国森林论坛、美国大自然保护协会、加拿大哥伦比亚大学的合作伙伴关系，磋商和签署合作谅解备忘录；依托能力建设等活动，与亚太经济体政府部门建立起广泛联系，并建立了亚太区域林业院校长会议机制。

民间合作与交流 2011年，林业主管部门与国外民间组织合作与交流取得丰富成果。一是“小渊基金”项目取得新进展。共争取到“小渊基金”援助资金7.7亿日元，项目涉及防沙治沙、水源涵养、海防林建设、灾后生态林恢复建设等领域，造林8 000公顷。“小渊基金”项目自2000年启动以来，援助资金总额达57.5亿日元，项目造林5万多公顷，涉及全国29个省（自治区、直辖市）。二是扩大了与美国东西方中心、新西兰英得佛亚太咨询公司等机构的合作，国家林业局非官方合作伙伴扩大到45个。三是与世界自然基金会、大自然保护协会、国际自然保护联盟等6个国际非政府组织分别召开了2011年度合作年会，共同签署了2011/2012年度合作备忘录，明确了合作项目146个，援助金额3 952万元人民币。四是加强了与韩国协力事业团和日本国际协力事业团的交流与合作，共同举办了一系列培训班、研讨会和赴日专题研修。五是为配合我国集体林权制度改革，加强了与世界各国林主协会的合作，与瑞典林主协会签署了合作协议，计划在南方地区开展实质性合作。与瑞典斯凯孚集团的造林合作项目实施进展顺利，截至2011年年底，共造生态林368公顷，外方投资150万美元。

（四）履行国际公约

《濒危野生动植物种国际贸易公约》（CITES） 2011年，CITES履约取得积极进展。一是印发了《濒危野生动植物种国际贸易公约履约规划》，组织举办了“第七届履约执法工作会议”和“第三届控制网上非法濒危物种贸易研讨会”，继续推动对敏感物种的执法，协调推动完善相关执法政策措施，推动完善控制互联网非法贸易活动。成立了中国“部门间CITES执法工作协调小组”，召开了工作组第一次联席会议，总结工作经验，安排部署2012年协调执法活动。二是派团参加了公约第25次动物委员会、第19次植物委员会和第61次常委会议、公约象牙和犀牛特别执法工作组会议等一系列会议，参与各项议题讨论，阐述了我国政府立场，及时妥善处理了相关问题。三是开展了两爬类动物监测、大宗贸易和敏感物种的结合试点项目，对两栖爬行类物种和象、麂、赛加羚羊、海马等动物物种以及热带木材、沉香等资源及贸易情况实行监测和监督管理，为履约工作提供了科学依据。四是积极推进《2010～2013中国履行公约有效决议、决定行动方案》实施，就虎、豹、象、热带木材等物种以及网络贸易、海上引进等问题开展工作，取得重要进展。五是举办了“中央政府与港澳履约会谈”、组织“港澳人员执法鉴定培训交流活动”，提升了三方履约合作水平。派员赴台开展动植物培育和贸易考察，接待了台湾野生动植物管理团组来大陆访问，增进了与台贸易管理交流。六是组织开展了濒危动物非法贸易调查活动，掌握了大量经营和走私濒危野生动植物情况，并协调有关部门开展查处。会同广西壮族自治区林业厅、森林公安、海关缉私等部门联合开展了为期7个月的专项打击行动。七是赴南非、坦桑尼亚等国开展履约执法交流，推动犀牛、大象执法合作；参加中欧履约执法对话会议，邀请公约秘书长来华访问。八是承办“亚洲蛇类贸易研讨会”、举办“中印尼履约执法培训研讨会议”，参加了世界海关组织在非洲、欧洲和亚洲部分国家开展的“类人猿专项执法行动”。九是开展宣传活动。继续推进设立“口岸履约宣传牌”工作，在我国数百个口岸通关处摆放宣传海报；举行“中国加入公约30周年宣传纪念活动”，制作发放“中国履约30年”宣传片，通过各新闻媒体开展宣传报道，以及在公约秘书处网站连续登载中国履约工作专题等。

《联合国防治荒漠化公约》（UNCCD） 2011年，UNCCD履约工作稳步推进。一是我国政府派团参加了在韩国昌原召开的UNCCD第十届缔约方大会。大会围绕防治荒漠化与粮食安全、里约+20会议背景下的荒漠化公约、利用科学促进防治土地退化和干旱等三大议题，分别召开了高级别圆桌会议并提出了

《昌原倡议》。在高级别圆桌会议上，我国代表团就里约+20会议背景下的荒漠化公约等议题阐述了立场和观点，就公约未来的实施提出4点建议。会议期间，中国代表团举办了“中国日”专题宣传活动，参与国际组织边会，协助民间组织和企业参加大会论坛；代表团团长出席了《东北亚防治荒漠化、土地退化和干旱网络备忘录》签字仪式。二是派团参加66届联大防荒漠化高级别会议大会发言介绍中国经验，获得普遍认可。三是组团参加了履约审查委员会第九次会议，通过了UNCCD第四次履约评审，经亚太区域推选参加全球荒漠化影响指标示范。评估指标适用技术和数据需求，分析我国荒漠化区域农村贫困人口、土地覆盖等指标的变化趋势，为完善公约履约量化考核提出建议。

《湿地公约》（RAMSAR） 2011年，《湿地公约》履约工作有序推进。一是派团参加在印度尼西亚雅加达召开的《湿地公约》第11届缔约方会议（COP11）亚洲区域会议。会议推荐了亚洲区域常委会代表和公约科学技术工作组亚洲区域代表。我国代表团积极参加了各项议题讨论，介绍了中国在湿地公约履约、国家重要湿地管理方面的经验和做法。二是组团参加了《湿地公约》第42、43次常委会、东亚湿地中心研讨会等一系列相关会议，参与了相关议题的讨论和决策，妥善处理了“喜马拉雅湿地保护动议”和达赉湖国际重要湿地等敏感问题。三是完成了《中国履行湿地公约国家报告》（中英文版），并提交公约秘书处。四是为庆祝《湿地公约》签署40周年，举办“第二届中国湿地文化节暨亚洲湿地论坛”，来自全球20多个国家和地区的代表700多人参加活动，成为全球纪念《湿地公约》签署40周年最大的宣传活动。活动围绕“湿地与人类福祉”这一主题，分“湿地与森林”、“湿地与气候变化”等6个方面展开活动，产生了《无锡宣言》等一系列重要成果。

《联合国气候变化框架公约》（UNFCCC） 2011年，我国积极履行《联合国气候变化框架公约》，着力推进国内林业应对气候变化工作，取得积极进展。一是积极参加REDD+伙伴关系研讨会以及德班气候大会林业议题谈判，加强“77+中国”集团内部协调，推进REDD+资金支持议题谈判达成较为平衡的案文，就我方关注的LULUCF议题湿地管理碳源/碳汇核算等问题达成共识，推动林业议题谈判取得积极进展。二是印发了《关于坎昆气候大会后进一步加强林业应对气候变化工作的工作意见》、《林业应对气候变化“十二五”行动要点》，提出了主要目标以及减缓、适应和能力建设领域的主要行动，对“十二五”林业应对气候变化工作进行了总体部署。三是推进碳汇造林试点工作，启动了林业低碳经济北京西山试验林场综合试点示范、浙江临安碳汇林业试验区建设。开展中央财政补助林业生物柴油企业基地建设试点，协调国家发改委将林业颗粒成型燃料纳入了全国绿色能源示范县建设范畴，积极推进林业生物质能源工作。四是推进碳汇计量监测工作，组建了国家林业局华东、中南、西北林业碳汇计量监测中心。组织制定了《林业碳汇计量监测体系建设预算定额标准》，完成全国林业碳汇计量监测体系建设的数据、模型、方法等建设任务。五是开展相关研究，启动了“森林碳汇产权立法及相关政策研究”课题和“REDD+国家战略”等研究。森林增汇、碳计量与碳贸易、森林土壤碳储量等重大课题研究取得阶段性成果。

《国际森林文书》（NLBI） 2011年，《国际森林文书》履约活动顺利进行。一是组团赴美国参加了在联合国总部召开的联合国森林论坛第九次会议，并按照会议决议的要求，积极参与组织了2011国际森林年的有关活动；二是组织编写了《关于推动缔结联合国森林公约的利弊分析》、《国际森林问题资金机制报告》和《中国履行国际森林文书的国家报告》。

《国际植物新品种保护公约》（UPOV） 2011年，UPOV履约取得显著成效。一是派员参加了相关国际会议和谈判，积极准备谈判对案，努力维护和争取国家利益。二是参加了UPOV理事会、技术会议，在印度尼西亚举办的东亚植物新品种保护论坛第四次会议和在韩国举办的东亚地区植物新品种保护研讨会，以及国际园艺生产者协会在我国举办的植物新品种保护会议。三是组织专家开展了“UPOV 91年文本对我国的影响”等相关履约对案研究，积极参加中欧、中澳、中日、中韩植物新品种保护双边对话和交流，增进理解和互信。

（五）重要国际会议

首届APEC林业部长级会议 2011年9月6～8日，首届亚太经合组织（APEC）林业部长级会议在北京举行，来自APEC 21个经济体的林业部长和高级官员出席了会议。国家主席胡锦涛出席会议并发表了题为“加强区域合作，实现绿色增长”的重要讲话。胡主席在讲话中深刻阐述了森林在推动绿色增长中的重要功能以及林业与绿色增长之间的关系，并就亚太区域林业发展与合作提出了三点建议，强调要加强林业建设，发挥森林的多种功能，让森林永远造福人类，为亚太和世界人民创造更加美好的明天。会议围绕“加强区域合作，促进绿色增长，实现亚太林业可持续发展”的主题进行了深入的研讨，通过了旨在加强亚太区域林业合作的《北京宣言》。回良玉副总理出席会议闭幕式并致词。

大森林论坛2011年年会 2011年10月17～21日，大森林论坛2011年年会在墨西哥瓦哈卡市召开，我国政府派团参加会议。会议由美国产权与资源机构主办，墨西哥环境与自然资源部国家林业委员会承办，来自中国、美国、俄罗斯等8个国家及相关国际机构的代表30余人出席会议。会议以“经济动荡和气候变化条件下的森林管理”为主题，分成各国林业最新动态分享、全球林业市场扫描等8个议题进行讨论。与会各国代表采取专题发言、讨论交流、专家点评、实地考察等形式进行了广泛深入的讨论和交流。我国代表团做了主旨发言，详细介绍了我国林业发展的最新情况并阐述了对会议各议题的看法，促进了与其他国家的林业合作与交流。

联合国粮农组织第二届亚太林业周和第24届亚太林委会会议 2011年11月，“联合国粮农组织第二届亚太林业周和第24届亚太林委会会议”在北京举行，会议由国家林业局承办，来自亚太地区33个国家、200多个国际区域组织，以及部分私营部门、科研机构和大学的代表出席了会议。林业周期间，与会代表通过经验交流会、专题研讨会、林业成就展览和林业电影放映等多种形式，围绕亚太地区林业发展“新挑战·新机遇”这一主题，就林业发展战略、气候变化等议题进行了深入讨论和交流。我国政府组团参加了林委会各项议题的讨论，并组成会议跟踪报道组全程报道林业周期间的主题边会和亚太林委会情况，编印了会议简报，主办了“中国林业的新机遇和新挑战”主题边会。

《联合国气候变化框架公约》第17次缔约方大会 2011年11月28日至12月10日，《联合国气候变化框架公约》第17次缔约方大会暨《京都议定书》第七次缔约方会议在南非德班举行。我国政府组团参会。会议内容涉及减少发展中国家毁林排放等行动的政策激励机制、减少发展中国家毁林排放等行动的相关技术方法和土地利用、土地利用变化和林业等三个议题。各代表团经过艰苦谈判，取得一系列成果。中方代表团积极参与各项议题谈判，充分表达了中方的观点和立场，维护了我国的利益。

联合国森林论坛第九届会议 2011年1月24日至2月4日，联合国森林论坛第九届会议在纽约联合国总部召开。会议以“森林造福人民、改善民生、消除贫困”为主题，深入讨论了以社区为基础的森林管理、社会发展和民生问题，审议了国际森林文书的实施进展情况，磋商解决森林资金机制的工作方案，并就筹备2012年环发大会20周年峰会提出相关建议。我国政府组团出席会议并积极参加了讨论。会议通过了《部长级宣言》和《关于森林造福人民、改善民生和消除贫困的决议》。会议期间还举办了高级别会议，重点关注的问题包括森林与改善民生、林业融资、林业与其他部门关系以及林业与里约20年峰会等。

K

P123-148

林产品市场

- 木材产品市场供给与消费
- 主要林产品价格
- 主要林产品进出口

林产品市场

2011年，我国木材产品总供求快速增长，市场总供给和总消费分别达50 003.99万立方米和49 991.91万立方米，国内供给增幅低于进口增幅，国内需求增速快于出口增速；林产品进口增长大于出口增长，贸易逆差进一步扩大；林产品总体价格水平在波动中较大幅度上扬。

（一）木材产品市场供给与消费

1. 木材产品供给

木材产品市场供给由国内供给和进口两部分构成。国内供给包括商品材、农民自用材和农民烧柴、木质纤维板和刨花板；进口包括进口原木、锯材、单板、人造板、家具、木浆、木片、纸和纸制品、废纸及其他木质林产品。2011年木材产品市场总供给为50 003.99万立方米，比2010年增长15.78%。

商品材 2011年，全国商品材产量为8 145.92万立方米，比2010年增长0.70%；其中，原木产量7 449.64万立方米，比2010年下降0.85%，薪材（不符合原木标准的木材）696.28万立方米，比2010年增长20.80%。

农民自用材和烧柴 根据测算[①]，农民自用材和烧柴折合木材供给量为4 036.97万立方米，其中农民自用材为1 205.70万立方米，农民烧柴为2 831.28万立方米。

木质纤维板和刨花板 2011年，木质纤维板产量为5 486.26万立方米，比2010年增长29.20%；木质刨花板产量为2 516.76万立方米，比2010年增长107.64%。木质纤维板和刨花板折合木材供给13 650.41万立方米，扣除与薪材产量的重复计算部分，木质纤维板和刨花板相当于净增加木材供给13 545.97万立方米。

进口 2011年，我国木质林产品进口折合木材22 375.12万立方米，其中原木4 232.58万立方米，锯材（含特形材）2 811.83万立方米，单板和人造板234.32万立方米，纸浆及纸类（木浆、纸和纸板、废纸和废纸浆、印刷品）13 734.00万立方米，木片1 181.76万立方米，家具、木制品及木炭180.62万立方米。

其他 2011年，超限额采伐、上年库存等形式形成的木材供给约为1 900万立方米。

2. 木材产品消费

木材产品市场消费由国内消费和出口两部分构成。国内消费包括工业与建筑用材消费、农民自用材和烧柴消费；出口包括出口原木、锯材、单板、人造板、家具、木浆、木片、纸和纸制品、废纸及其他木质林产品。2011年木材产品市场总消费为49 991.91万立方米，比2010年增长15.78%。

---

① 根据"十一五"和2011年统计产量占实际消耗量的比例推算。

工业与建筑用材消费 据国家统计局和有关部门统计，按相关产品木材消耗系数推算，2011年我国建筑业与工业用材折合木材消耗量为38 907.77万立方米，比2010年增长22.63%。其中：建筑业用材（包括装修与装饰）12 801.08万立方米，比2010年增长25.24%；家具用材（指家具的国内消费部分，出口家具耗材包括在出口项目中）9 252.06万立方米，比2010年增长42.49%；造纸业用材14 491.60万立方米，比2010年增长13.45%；煤炭业用材1 061.79万立方米，比2010年增长4.16%；车船制造、铁路、化纤等其他部门用材1 301.23万立方米，比2010年增长6.69%。

农民自用材和烧柴 根据产量测算，农民自用材消耗量为1 205.70万立方米，农民烧柴消耗量为2 831.28万立方米。由于农民自用材消耗中有很大一部分用于农民建房，约合1 085.13万立方米，扣除这部分与建筑用材消耗的重复计算后，农民自用材和烧柴消耗量为2 951.85万立方米。

出口 2011年，我国木质林产品出口折合木材8 580.00万立方米，其中原木1.44万立方米，锯材126.66万立方米，单板和人造板3 060.25万立方米，纸浆及纸类（木浆、纸和纸板、废纸和废纸浆、印刷品）1 934.92万立方米，家具3 180.73万立方米，木片、木制品和木炭276.01万立方米。

3. 木材产品市场供需的特点

2011年，我国木材产品市场供需的主要特点表现为：木材产品总供求快速增长，但国内实际供给增幅远小于进口增幅，国内实际需求增幅远大于出口增幅；木材产品总体价格水平波动中较大幅度上扬。

木材产品供给总规模快速增长，但进口总量增速远高于国内实际供给增速 从国内供给看，2011年原木、农民自用材和烧柴产量有所下降外，薪材、木质纤维板和刨花板等木材产品产量大幅度增加，国内木材产品实际供给增长11.25%。同时，原木、锯材、木浆、废纸、木片等产品进口量大幅增长，木材产品进口总量增幅达21.89%。

木材产品总需求大幅增长，但出口增幅远小于国内需求增幅 2011年，尽管实施房地产调控政策，我国宏观经济仍然保持较快的增长速度，建筑用材、造纸用材和家具用材的需求均快速增长，木质林产品国内需求增速达17.02%；同时，尽管受欧债危机的影响，国际经济复苏缓慢，国际市场对木质林产品的需求有所回升，在主要出口木质林产品中，除家具出口小幅下降外，胶合板、纸和纸板、纤维板等产品的出口量均有较大幅度增长，木材产品出口总规模增长10.16%。

木材产品总体价格水平在波动中较大幅度上扬 2011年，木材价格水平经历了一个高位—回落—反弹—回落—反弹的震荡过程，市场价格总体价格水平高于2010年水平。受木材价格变动的影响，加上国内通货膨胀和生产成本增加的推动，锯材、胶合板、木家具、纸和纸板等木材产品价格均较大幅度上扬。

（二）主要林产品价格

根据国家统计局统计，2011年全国林产品生产价格平均上涨了14.62%，其中一季度上涨了13.21%，二季度上涨了18.43%，三季度上涨了13.98%，四季度上涨了12.87%；全国木材生产价格平均上涨了9.68%，其中一季度上涨了5.84%，二季度上涨了10.13%，三季度上涨了9.90%，四季度上涨了12.83%（图21）。

图 21　2011 年各季度木材和林产品价格指数变动情况

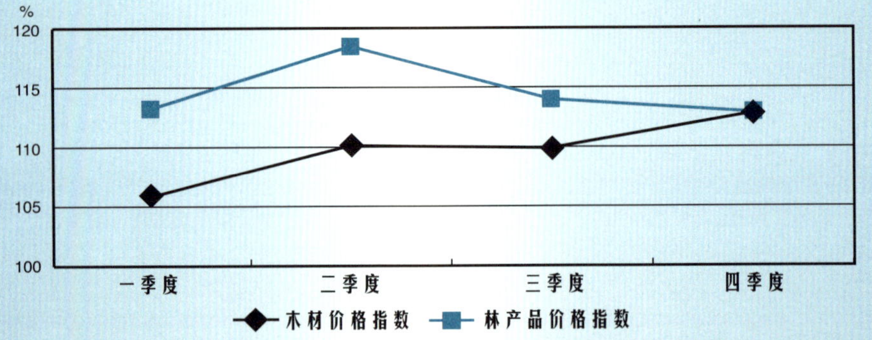

原木　根据国家统计局月度数据，2011年加工用原木的购进价格从年初的1 828.2元/立方米开始回落，5月降至1 707.4元/立方米，然后价格开始迅速提升，到6月达到了1 902.5元/立方米的高位，然后又缓慢上扬到9月的1 966.4元/立方米，之后迅速下跌到10月的1 797.8元/立方米，随后缓慢回升到年末的1 878.0元/立方米（图22）。

图 22　2011 年加工用原木月度价格变动

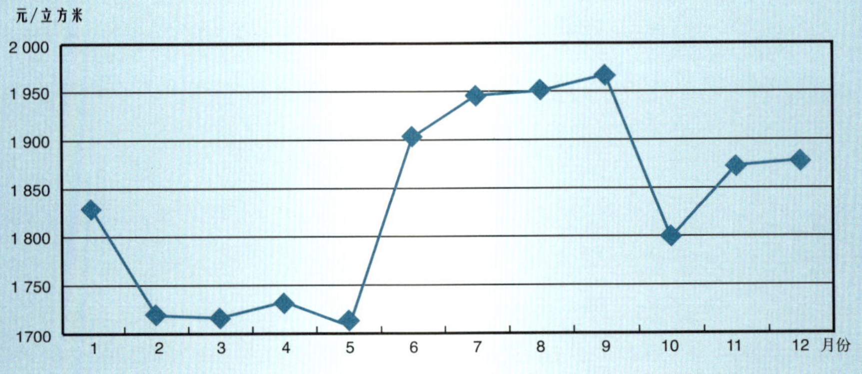

锯材 2011年，普通锯材的全年平均购进价格为2 400.1元/立方米，比2010年上升了4.93%。从1月的2 456.5元/立方米开始波动，下降到2月的2 301.9元/立方米，然后开始缓慢攀升到年末的2 481.8元/立方米（图23）。

图23 2011年普通锯材月度价格变动情况

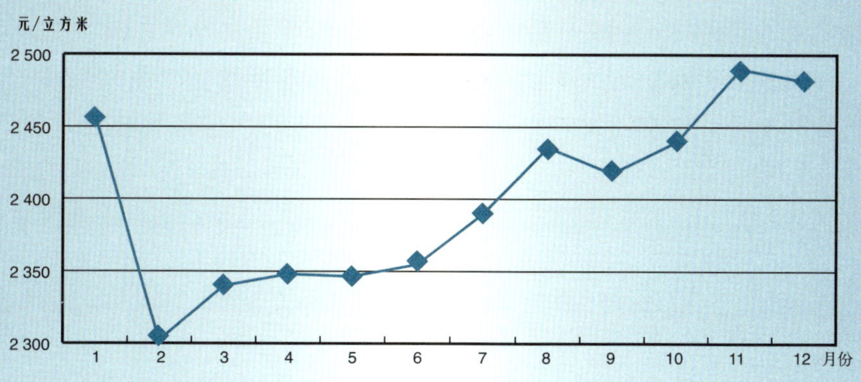

人造板 2011年，胶合板、纤维板、刨花板的平均出厂价格分别为1 291.6元/立方米、879.9元/立方米和762.7元/立方米，比2010年分别提高了4.12%、4.74%和3.42%。从各月出厂价格走势看（图24），胶合板价格基本平稳，从年初的1 220.2 元/立方米，小幅上升到5月的1 300元/立方米的水平，6月价格迅速上扬到1 443.5元/立方米，7月回落到1 332.9元/立方米，8月回落到1 262.6元/立方米后小幅平稳上升，年末价格为1 296.9元/立方米；纤维板价格小幅平稳上升，从年初的818.3元/立方米，持续上涨至年末的972.4元/立方米；刨花板价

图24 2011年人造板月度出厂价格变动情况

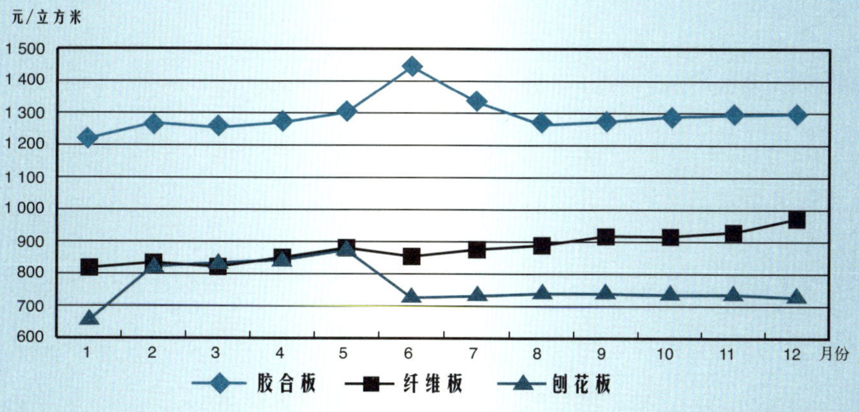

格前半年小幅波动，后半年保持平稳，1月价格最低，为654.8元/立方米，2月上升到822.1元/立方米，之后小幅波动，到5月达到了价格的最高点873.2元/立方米，6月价格回落到725.3元/立方米，之后价格微幅波动至年末的726.6元/立方米。

木浆　2011年机械木浆平均出厂价格为3 688.8元/吨，比2010年下降了1.5%。化学木浆的平均出厂价格为4 522.2元/吨，比2010年下降了4.70%。从各月的出厂价格走势看（图25），机械木浆的价格变动幅度较小，从年初的3 578.9元/吨开始缓慢上升，上升到6月的3 849.4元/吨，7月开始下降，8月开始上扬，至9月达到3 940.1元/吨的最高水平，随后逐步回落到年末的3 521.2元/吨；化学木浆价格波动幅度较大，年初在4 917.2元/吨的水平，小幅波动后，5月达到5 218.5元/吨左右，6月价格开始下降，到9月降至4 001.4元/吨的最低点，之后

图 25　2011 年木浆月度出厂价格变动情况

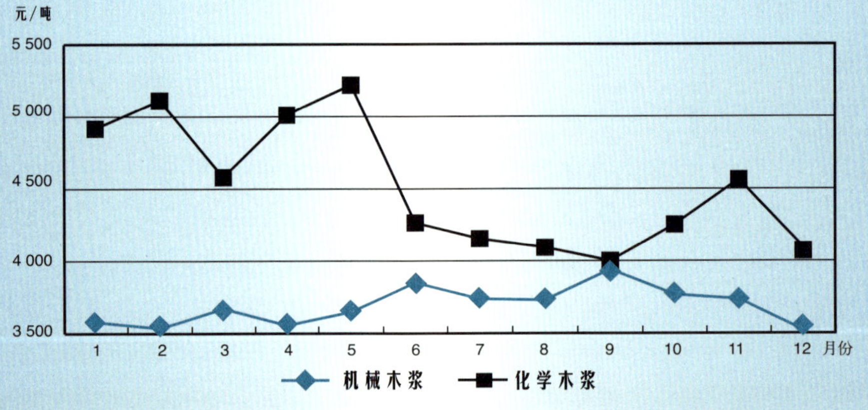

图 26　2011 年木浆月度购进价格变动情况

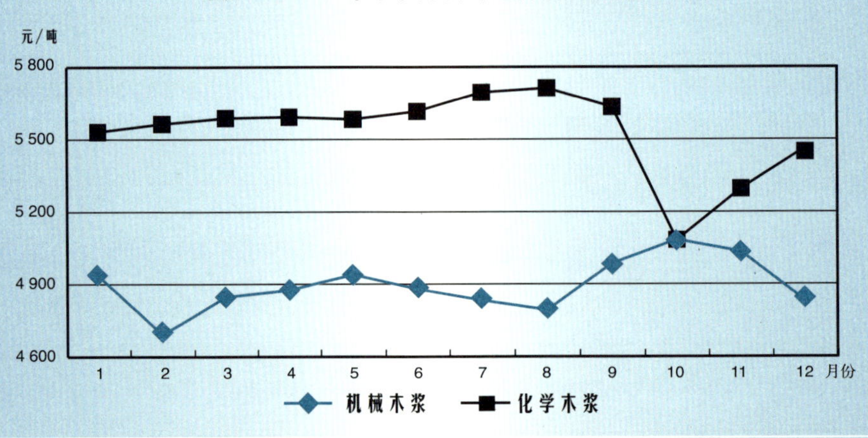

价格小幅攀升，到12月价格回升到4 096.0元/吨。从购进价格来看，机械木浆和化学木浆的年均价格分别为4 893.1元/吨和5 530.1元/吨。机械木浆的价格波动较小，年初的价格为4 935.6元/吨，2月价格下滑到4 690.8元/吨，之后价格基本平稳在4 800元/吨的水平，8月价格回落到了4 792.1元/吨的低点后开始回升，到10月达到了5 082.7元/吨，年末时价格回落到了4 893.1元/吨。化学木浆前半年价格基本平稳，从1月5 531.1元/吨稳步上升到8月的最高点5 713.4元/吨，然后开始迅速下滑到9月的5 083.1元/吨，之后继续上扬，到12月达到了5 465.2元/吨（图26）。

其他林产品 2011年，橡胶、椰子油、柑橘和苹果的平均购进价格分别为10 550.2元/吨、11 760.6元/吨、1 371.0元/吨、1 618.1元/吨，与2010年相比，分别上涨了22.98%、20.06%、28.39%和36.50%。从各月价格变化看，橡胶价格波动较大，从1月的9 080.6元/吨开始缓慢上升，3月价格迅速提高，到5月份达到了12 853.4元/吨的高点，之后开始迅速下降，10月达到了8 179.0元/吨的最低点，11月强力上扬，直到年末达到12 506.1元/吨的最高点；椰子油价格前半年呈现上升态势，下半年呈现下降态势，年初价格为12 279.1元/吨，6月达到13 478.8元/吨，之后开始下降，8～10月维持在11 000元/吨左右，12月下降到9 152.8元/吨的最低点（图27）。苹果价格前半年基本稳定，维持在1 600吨/元左右，到7月开始出现下降，9月降至1 546.4元/吨，然后出现大幅度的提高，年末达到1 755.7元/吨。柑橘的月度价格基本保持平稳，全年波动幅度较小，从1月的1 350.3元/吨，小幅持续上涨至4月的1 389.5元/吨，然后价格在1 380元/吨左右波动，9月开始上升，12月达到了全年最高点1 395.3元/吨（图28）。

图 27 2011 年橡胶、椰子油月度购进价格变动情况

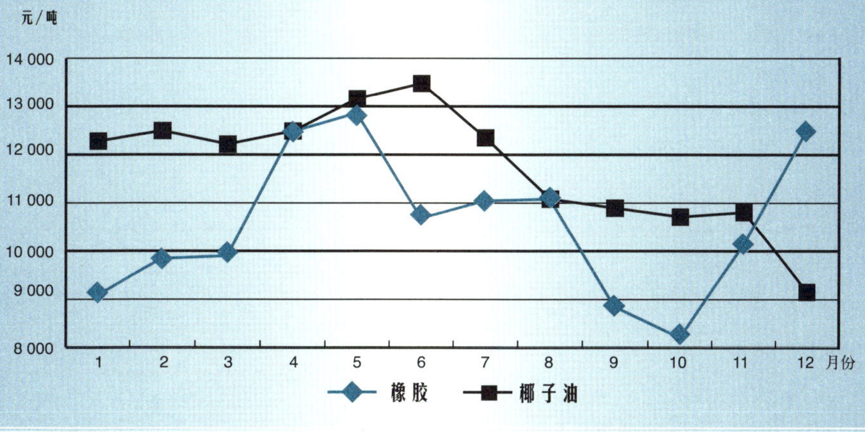

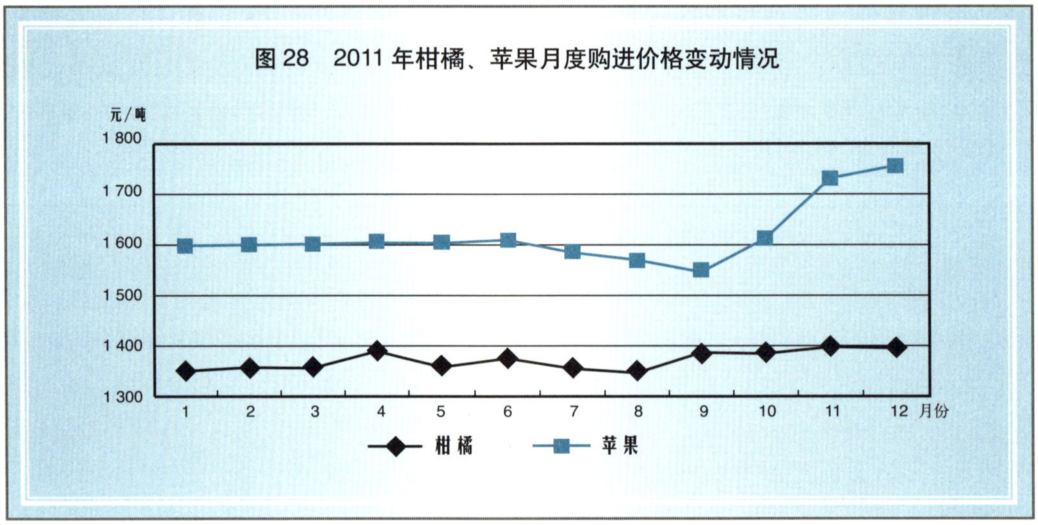

（三）主要林产品进出口

1. 基本态势

林产品进出口贸易快速增长，但增速明显回落；出口增速远低于进口增速，贸易逆差进一步扩大；在全国商品进出口贸易中，林产品出口所占比重微降，进口所占比重略升 2011年，林产品进出口贸易总额为1 203.33亿美元，比2010年增长28.25%；其中，林产品出口550.34亿美元，比2010年增长18.82%，增速回落8.72个百分点，低于全国商品出口20.32%的增长速度，占全国商品出口额的2.90%，比2010年降低了0.04个百分点；林产品进口652.99亿美元，比2010年增长37.45%，增速回落2.68个百分点，高于全国商品进口24.99%的增长速度，占全国商品进口额的3.75%，比2010年提高了0.34个百分点（图29）。林产品贸易逆差为102.65亿美元，比2010年扩大了90.75亿美元。

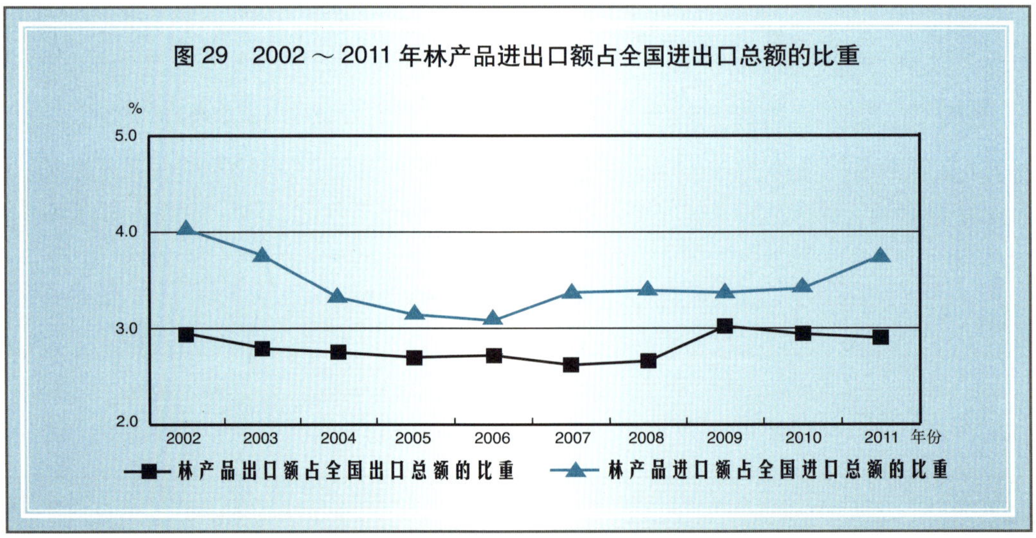

林产品进出口贸易仍然维持木质林产品为主的产品格局，但非木质林产品的比重有所提高 2011年，林产品进出口贸易总额中，木质林产品占67.28%，比2010年下降了2.14个百分点；林产品出口额和进口额中，木质林产品所占比重分别为73.69%和61.88%，分别比2010年下降了1.13个和2.27个百分点（图30）。

图30 2002～2011年林产品进出口额中木质林产品所占比重

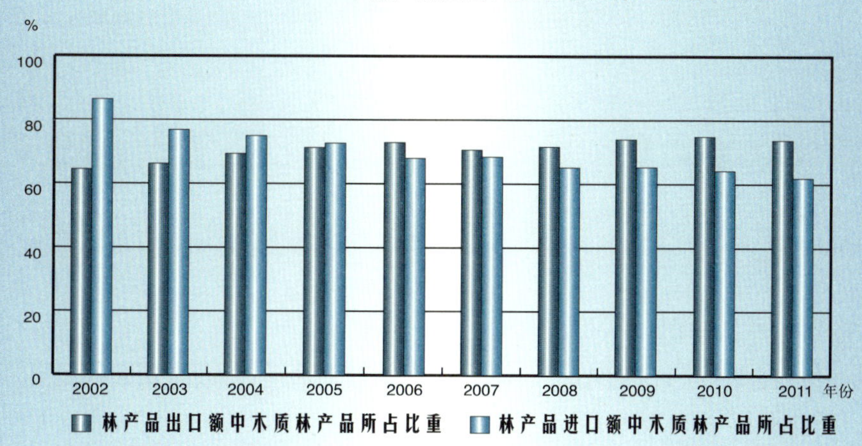

林产品贸易市场主要分布于亚洲、北美洲和欧洲，但出口市场中，北美洲和欧洲的份额下降、亚洲和拉丁美洲的份额提高；进口市场中，北美洲和欧洲的份额上升，亚洲、非洲和拉丁美洲的份额下降。从主要贸易伙伴看，美国、日本仍为最主要的出口市场，但美国的份额有所下降；进口市场以美国、加拿大、俄罗斯及东南亚地区为主，但俄罗斯的份额继续下降 2011年，林产品出口总额中各洲所占份额依次为：亚洲43.97%、北美洲24.51%、欧洲20.37%、非洲3.96%、拉丁美洲3.78%、大洋洲3.41%，与2010年相比，亚洲和拉丁美洲分别提高了1.60和1.17个百分点，北美洲和欧洲分别下降了2.52和1.04个百分点；林产品进口总额中各洲所占份额分别为：亚洲44.44%、北美洲21.38%、欧洲18.80%、拉丁美洲7.17%、大洋洲5.55%、非洲2.66%，与2010年相比，北美洲的份额提高了1.26个百分点，拉丁美洲和非洲的份额分别下降了0.69和0.53个百分点。

从主要贸易伙伴看（图31），前5位出口贸易伙伴依次是美国、日本、中国香港、英国和德国，占44.42%的市场份额，比2010年减少了2.37个百分点，其中美国和英国的份额分别减少了2.25和0.54个百分点；前5位进口贸易伙伴分别为美国、泰国、印度尼西亚、马来西亚和加拿大，集中了54.00%的市场份额，比2010年提高了2.44个百分点，其中加拿大、马来西亚和泰国的份额分别提高了1.05、0.52和0.98个百分点，俄罗斯的份额下降了0.46个百分点。

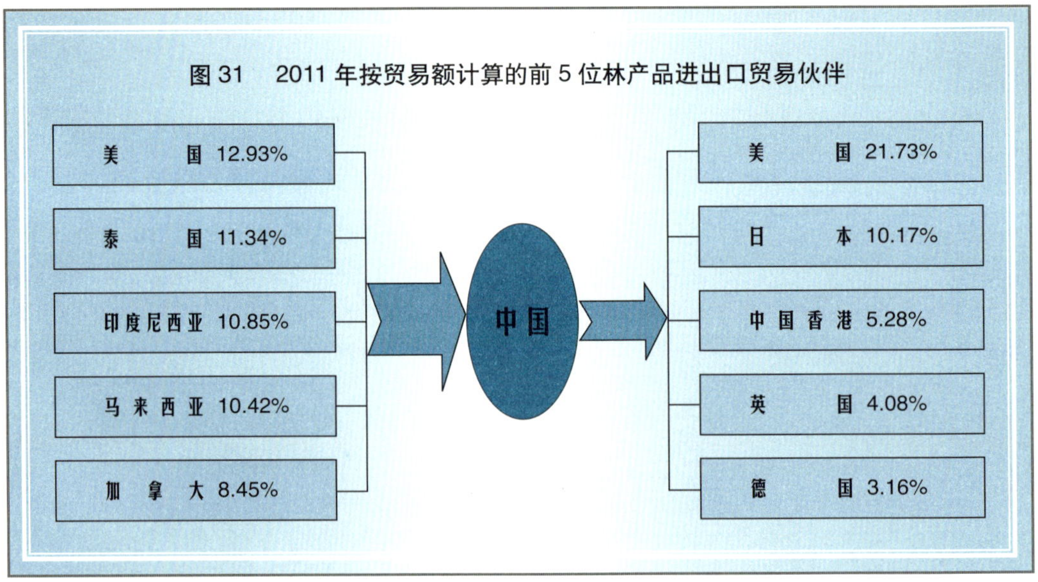

2. 木质林产品进出口

木质林产品进出口快速增长，但增速较大幅度回落；同时进口增速远高于出口增速，贸易顺差大幅缩减。

2011年木质林产品进出口贸易总额为809.60亿美元，比2010年增长24.31%；其中出口405.56亿美元，进口404.04亿美元，分别比2010年增长17.03%和32.58%，增幅分别回落了12.03和5.20个百分点。贸易顺差为1.52亿美元，比2010年减少40.28亿美元。

从产品结构看，2011年木质林产品出口额中，家具、纸及纸浆、人造板（含单板）的份额超过85%（图32），与2010年相比，家具的份额下降了4.41个百分点，纸及纸浆、人造板（含单板）的份额分别提高了4.24和1.29个百分点；进口额中，纸及纸浆、原木和锯材的份额接近95%（图33），与2010年相比，原木、锯材的份额分别增加了0.56和1.44个百分点，纸及纸浆的份额减少了2.46个百分点。

从市场结构看，木质林产品出口额中，美国、日本的总份额超过30%，但美国的份额明显下降；进口额中，美国、加拿大、俄罗斯的总份额接近45%。按贸易额排序，前5位出口贸易伙伴依次为：美国24.94%、日本8.79%、英国4.95%、中国香港4.88%、澳大利亚3.44%，与2010年相比，前5位出口贸易伙伴的市场份额减少了3.01个百分点，其中，美国减少了2.73个百分点，英国减少了0.64个百分点；前5位进口贸易伙伴分别为：美国18.92%、加拿大13.57%、俄罗斯11.20%、巴西4.91%、日本4.80%，与2010年相比，美国、加拿大所占份额分别提高了0.97和2.33个百分点，巴西和日本的份额分别下降了1.11和1.32个百分点。

图 32　2011 年木质林产品出口结构

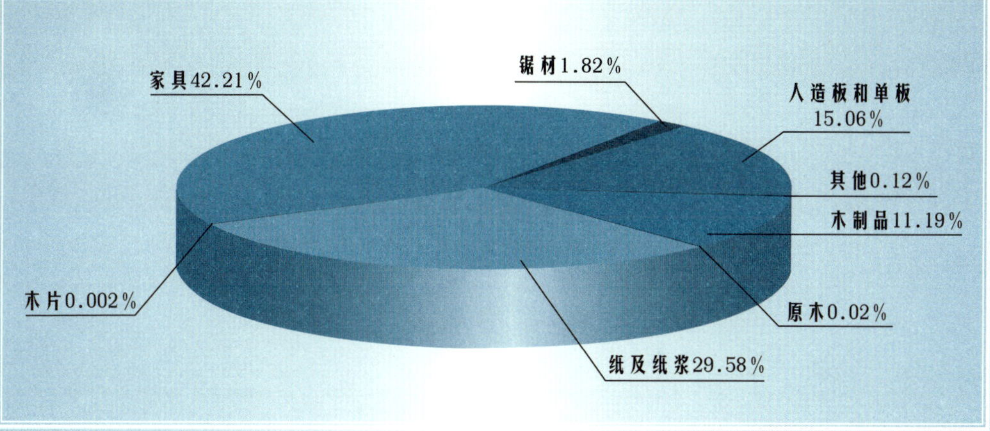

图 33　2011 年木质林产品进口结构

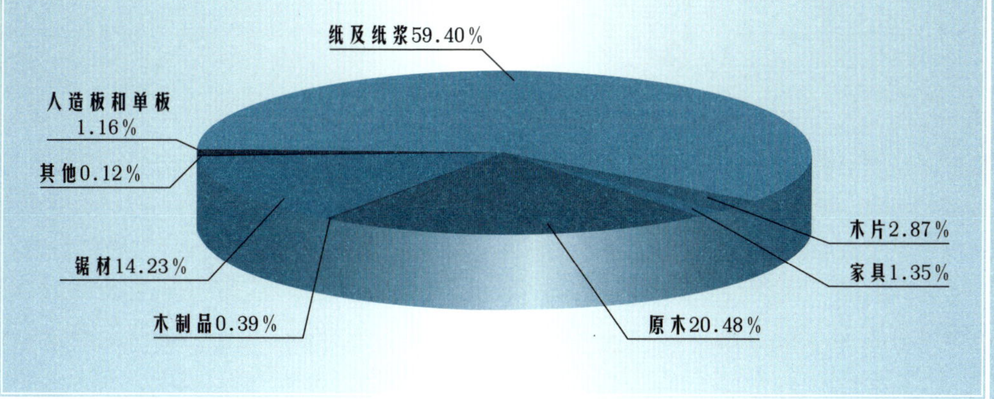

原木　2011年，原木进口高速增长，出口减少，针叶材进口增速明显加快，阔叶材进口增速大幅回落；平均进出口价格上涨，平均出口价格涨幅高于平均进口价格涨幅；原木进口量中阔叶材的份额下降。

2011年出口原木1.44万立方米，出口额6 768.47千美元，分别比2010年减少了49.30%和35.70%，其中针叶材出口41立方米，合38.32千美元，阔叶材出口1.43万立方米，合6 730.15千美元。进口原木4 232.58万立方米，进口额82.73亿美元，分别比2010年增长23.23%和36.27%；其中针叶材进口3 146.53万立方米，合48.65亿美元，分别比 2010年增加29.63%和50.11%，增幅分别提高了10.07和5.04个百分点；针叶材进口量占原木进口量的74.34%，比2010年提高了3.67个百分点。阔叶材进口1 086.06万立方米，进口额34.09亿元，分别比2010年增长7.81%和20.46%，增幅分别回落22.06和32.35个百分点。从价格看，原木平均出口价格为470.03美元/立方米，比2010年上涨了26.73%，其中针叶材和阔叶材平均出口价格分别为934.63美元/立方米和470.64美元/立方米，分别比2010年上涨了219.29%和26.73%；原木平均进口价格195.46美元/立方米，比2010年上涨了10.58%，其中针叶材和阔叶材原木平均进口价格分别为154.61美元/立方米和313.89美元/立方米，分别比2010年提高了15.80%和11.72%。

图 34　2002～2011 年原木进口量变化趋势

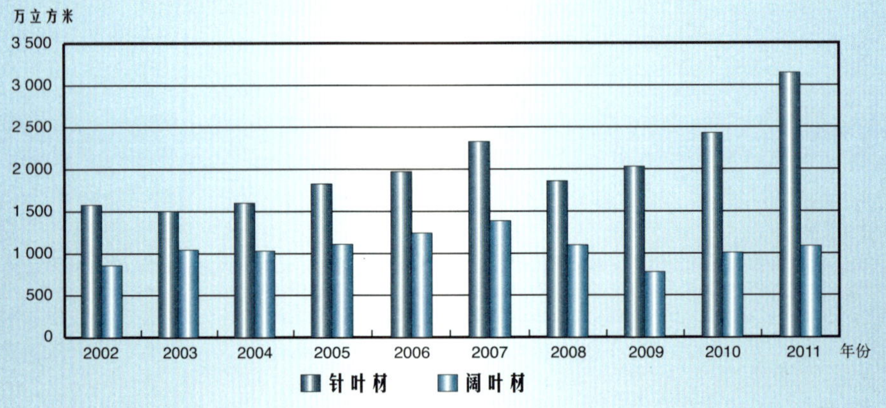

2011年原木进口仍主要来源于俄罗斯，但市场份额继续大幅从俄罗斯向北美洲和大洋洲转移，市场集中度进一步下降。按进口量计算，前5位贸易伙伴的份额依次是：俄罗斯33.24%、新西兰19.48%、美国11.54%、巴布亚新几内亚6.61%、加拿大5.81%，与2010年相比，前5为贸易伙伴的总份额下降了1.02个百分点，其中，俄罗斯的份额下降了7.62个百分点，美国、加拿大和新西兰的份额分别提高了3.44、2.38和2.19个百分点。针叶材进口量中，主要贸易伙伴的份额为：俄罗斯41.74%、新西兰26.15%、美国14.87%、加拿大7.77%、澳大利亚4.58%，与2010年相比，俄罗斯的份额下降了12.40个百分点，美国、加拿大和新西兰的份额分别提高了4.30、2.94和1.72百分点。阔叶材进口量中，前5位贸易伙伴的份额依次为：巴布亚新几内亚25.77%、所罗门群岛16.34%、俄罗斯8.62%、缅甸5.89%、刚果(布)5.72%，与2010年相比，前5位贸易伙伴的总份额下降了2.31个百分点，其中，马来西亚和加蓬的份额分别减少了4.44和7.12个百分点，巴布亚新几内亚、所罗门群岛和缅甸的份额增加了1.17、1.90和1.95个百分点。

2011年原木进口数量与结构变化的主要原因是国内外复杂的宏观经济形

势与市场自发调节的“震荡效应”所致：一是国内房地产市场因严厉的房地产调控政策而低迷，国内家具消费与装修市场增长缓慢，导致对阔叶材的需求增长下降。二是由于欧债危机的影响，美国次贷危机后的欧美经济复苏乏力，国际市场对木材产品的需求不足，一方面使我国家具出口量下降，进而导致对进口阔叶材需求下降；另一方面，原本主要供应美国市场的加拿大针叶材转向销往中国市场，推动针叶材进口量的增加。三是由于人民币对美元汇率的大幅上升，加上国内生产成本的提高和资金紧张，在出口产品价格不能同步上升的情况下，很多家具出口企业压缩生产规模，从而导致对进口阔叶材的需求减少。四是由于前两年国内针叶材市场的热销，吸引了大量资金盲目涌入针叶材进口市场，导致针叶材进口的大量增加，同时由于国内经济增长的放缓以及木制品国际市场需求下滑，国内对针叶材需求增长放缓，进而形成进口针叶材的大量库存；同时由于2011年针叶材的进口价格和国内市场销售价格出现多次较大幅度波动，在进口价格回落阶段，经营者或出于摊低前期高价进口的成本，或出于抄底获利的心态，纷纷增加针叶材进口，从而导致针叶材年度进口量的大幅增长。

锯材　2011年，锯材出口总量略有增加，但阔叶材出口量减少；进口大幅增加；进口量中以针叶锯材为主，且针叶材所占比重提高；进出口价格全面上涨。

2011年锯材（不包括特形材）出口54.42万立方米，合3.61亿美元，分别比 2010年增长0.89%和5.56%；其中，针叶锯材出口22.72万立方米，比2010年增加11.54%，阔叶锯材出口31.70万立方米，比2010年减少5.60%。锯材进口2 160.67万立方米，合57.21亿美元，分别比2010年增长45.87%和47.52%；其中，针叶锯材和阔叶锯材分别进口1 497.73万立方米和662.94万立方米，分别比2010年增长58.87%和23.11%（图35）。从产品构成看，锯材进口总量中，针叶

图 35　2002～2011 年锯材进出口量变化趋势

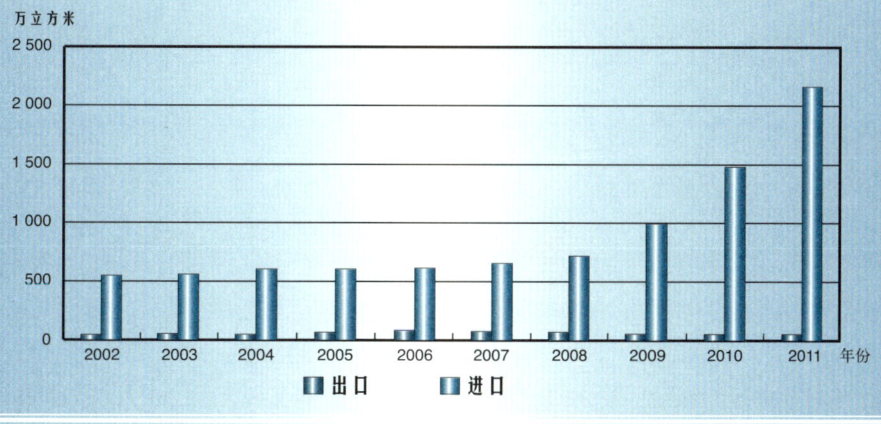

锯材占69.32%，比2010年提高了5.68个百分点。从价格看，锯材的平均出口价格为663.36美元/立方米，比2010年上涨了4.63%，其中针叶锯材和阔叶锯材的平均出口价格分别为572.18美元/立方米和728.71美元/立方米，比2010年分别上涨了1.01%和7.96%；锯材的平均进口价格为264.78美元/立方米，比2010年提高了1.13%，其中针叶锯材和阔叶锯材的平均进口价格分别为207.65美元/立方米和393.85美元/立方米，比2010年分别上涨了6.74%和3.75%。

从市场结构看，锯材出口市场以日本、韩国为主，进口市场则主要集中于加拿大、俄罗斯、美国，但俄罗斯的份额继续减少，美国、加拿大的份额进一步增加；进出口的市场集中度有所上升。按进出口数量计，锯材出口的前5位贸易伙伴依次为：日本59.72%、韩国13.67%、美国5.60%、德国3.64%、越南3.62%，与2010年相比，前5位出口贸易伙伴的总份额提高了2.59个百分点，其中，日本和韩国分别提高了3.82和1.40个百分点，美国和越南分别下降了1.13和1.55个百分点；前5位进口贸易伙伴分别为：加拿大31.78%、俄罗斯28.32%、美国12.41%、泰国 7.38%、印度尼西亚3.73%，与2010年相比，前5位进口贸易伙伴的总份额提高了3.75个百分点，其中，加拿大和美国分别提高了4.63和2.74个百分点，俄罗斯和泰国分别下降了1.53和2.14个百分点。针叶锯材进口量中，前5位贸易伙伴依次为：加拿大45.48%、俄罗斯36.11%、美国8.35%、智利2.82%和新西兰2.73%，与2010年比，加拿大和美国分别提高了3.38和4.73个百分点，俄罗斯和新西兰分别下降了5.23个和1.64个百分点；阔叶锯材进口量中，前5位贸易伙伴依次为泰国24.05%、美国21.59%、印度尼西亚12.15%、俄罗斯10.74%、菲律宾8.14%，与2010年比，印度尼西亚、美国和俄罗斯的份额分别提高了4.58、1.33和1.01个百分点，泰国和菲律宾分别下降了2.13和1.98个百分点。

2011年特形材出口量值较大幅下降，进口量值高速增长。出口39.95万吨，合6.30亿美元，比 2010年分别下降7.52%和3.82%；进口1.39万吨，约合0.30亿美元，比 2010年分别增长31.13%和50.00%。特形材进出口中，地板条（包括竹地板条）出口38.16万吨，约合6.06亿美元，比2010年分别下降6.56%和2.57%；进口0.97万吨，合0.22亿美元，比 2010年分别增长42.65%和69.23%。

按出口额计，特形材出口前5位贸易伙伴的市场份额依次为：美国31.90%、日本13.29%、加拿大12.24%、英国9.15%、澳大利亚6.20%，与2010年比，加拿大和英国分别下降了4.33和1.63个百分点，美国和澳大利亚分别提高了1.75和1.64个百分点。

锯材进口数量和结构变化的主要原因：一是由于国内房地产市场低迷和国际市场对木家具等木制产品需求不足，国内生产企业对进口阔叶锯材的需求下降；二是前两年针叶材市场的热销吸引了大量资金的盲目涌入，加上2011年针叶材进口价格的多次波动过程中，经营者在价格回落阶段大量增加进口，导致了针叶锯材库存积压与进口增加的并存现象的出现；三是俄罗斯等越来越多的国家实行原木出口限制政策，木材进口中锯材对原木的替代率不断提高，在木材进口总量增加的情况下，必然导致进口锯材的大幅增加。

单板 2011年，单板进出口量值高速增长、价格进一步大幅下降。单板出口24.69万立方米，出口额2.74亿美元，比2010年分别增长56.07%和29.86%，其中，针叶单板出口2.18万立方米，阔叶单板出口22.51万立方米；单板进口20.02万立方米，合1.19亿美元，比2010年分别增长82.83%和35.23%，其中针叶单板进口0.76万立方米，阔叶单板进口19.26万立方米。单板平均出口价格为1 109.76美元/立方米，平均进口价格为594.41美元/立方米，分别比2010年下降16.76%和26.08%。

单板进出口中，按贸易额计，前5位出口贸易伙伴依次为：韩国12.54%、日本11.60%、墨西哥5.91%、俄罗斯5.68%、马来西亚5.62%；与2010年比，日本提高了1.67个百分点，韩国、墨西哥和美国分别减少了2.80、1.22和2.17个百分点；前 5位进口贸易伙伴分别为：美国19.79%、俄罗斯15.17%、意大利8.79%、德国7.82%、马来西亚7.47%，与2010年比，俄罗斯提高了2.16个百分点，美国和马来西亚分别下降了4.60和2.15个百分点。

人造板 2011年，人造板出口量值高速增长，但增幅回落，进口量值略有下降；从品种结构看，人造板出口额中，胶合板仍占绝对比重，但份额微降；进口额基本呈现刨花板、胶合板和纤维板三分格局，刨花板份额超过纤维板位居第一，纤维板份额回落至第三；从价格看，人造板平均出口价格微升，而平均进口价格较大幅度上涨（表2）。

表2 2011年“三板”进出口变化情况

产品	出口量		出口平均价格		进口量		进口平均价格	
	2011年(万立方米)	比2010年增减(%)	2011年(美元/立方米)	比2010年增减(%)	2011年(万立方米)	比2010年增减(%)	2011年(美元/立方米)	比2010年增减(%)
胶合板	957.25	26.84	453.38	0.57	18.84	-11.84	636.94	17.28
纤维板	329.10	28.08	436.34	0.62	30.62	-23.47	349.44	12.15
其中 硬质板	32.08	8.05	673.32	2.02	6.75	-20.40	311.11	14.07
其中 中密度板	296.20	31.03	410.20	1.53	23.10	-23.69	367.97	11.36
其中 绝缘板	0.82	-31.67	609.76	45.92	0.77	-38.89	129.87	8.41
刨花板	8.68	-47.55	645.16	158.03	54.70	1.41	223.03	5.26
其中：OSB（定向结构刨花板）	3.53	21.31	141.64	-16.74	12.46	47.63	200.64	-33.47

2011年人造板出口58.35亿美元，比2010年增长27.96%，进口3.51亿美元，比2010年下降1.40%；其中，胶合板、纤维板和刨花板出口额分别为43.40亿美元、14.36亿美元和0.56亿美元，分别比2010年增长27.57%、28.90%和36.59%，其中胶合板增幅回落7.22个百分点，纤维板增幅提高2.88个百分点；胶合板、

纤维板和刨花板进口额分别为1.20亿美元、1.07亿美元和1.22亿美元，与2010年比，胶合板和刨花板分别增长3.45%和7.02%，纤维板下降14.40%。“三板”出口额中，胶合板、纤维板和刨花板的比重分别为74.42%、24.62%和0.96%，与2010年基本持平；“三板”进口额中，胶合板、纤维板和刨花板的份额分别为 34.38%、30.66%和34.96%，与2010年比，胶合板和刨花板的份额分别增加了1.69和2.77个百分点，纤维板的份额减少了4.46个百分点，刨花板的份额超过纤维板位居第一。

2011年人造板进出口总量与结构变化的主要原因：一是受全球经济复苏乏力的影响，国际市场对人造板需求增长缓慢；同时由于人民币对美元汇率的持续上升、国内生产成本提高和生产企业资金链紧张，在人造板出口价格没有同步上涨的情况下，部分生产企业因利润空间大幅压缩而放弃生产订单，导致人造板出口增幅下降；二是作为我国胶合板和纤维板的最大出口国，美国《复合木制品甲醛标准法案》的正式生效，在一定程度上影响我国人造板的出口；三是由于我国人造板工业的快速发展，在多年来人造板进口下降的大趋势下，2011年国内房地产市场低迷和家具出口量下降进一步强化了这种趋势。

胶合板出口市场以美国、日本和欧洲为主，进口市场仍然高度集中于印度尼西亚、马来西亚和俄罗斯，但进出口市场集中度有所下降；纤维板出口市场以北美洲、俄罗斯和中东地区为主，进口市场主要集中在东南亚和欧洲地区；刨花板出口以俄罗斯和亚洲市场为主，市场相对分散，进口则主要集中于东南亚和欧洲市场。从贸易额看，胶合板出口的前5位贸易伙伴的市场总份额为42.21%，比2010年减少了2.76个百分点，其中美国和英国分别减少了5.12和1.08个百分点，日本提高了1.78个百分点；胶合板进口的前5位贸易伙伴的总份额为 87.68%，比2010年下降了2.51个百分点，其中，马来西亚下降了6.74个百分点，印度尼西亚和俄罗斯分别提高了3.77和1.27个百分点。纤维板出口的前5位贸易伙伴的总份额为52.93%，与2010年基本持平，其中美国和加拿大分别下降了4.78和1.46个百分点，俄罗斯、沙特阿拉伯和伊朗提高了1.80、2.20和1.79个百分点；纤维板进口的前5位贸易伙伴的总份额为66.60%，与2010年比，新西兰、比利时和德国分别提高了2.32、1.70和1.61个百分点，澳大利亚、马来西亚和意大利分别下降了2.64、2.40和1.82个百分点。刨花板出口的前5位贸易伙伴的总份额为44.57%，比 2010年减少了3.82个百分点，其中马来西亚增加了3.73个百分点，俄罗斯和美国分别下降了2.68和0.77个百分点；刨花板进口的前5位贸易伙伴的总份额为72.45%，比2010年下降了3.04个百分点，其中泰国和奥地利分别下降了7.82和4.29个百分点，马来西亚、德国和巴西分别提高了6.25、1.04和1.11个百分点（图36）。

木家具　2011年，木家具出口量减值增，进口量值大幅增长；进出口价格总体水平较大幅度上涨，但出口价格涨幅小于进口价格涨幅；贸易顺差进一步

图 36　2011 年按贸易额计算的“三板”进出口贸易伙伴

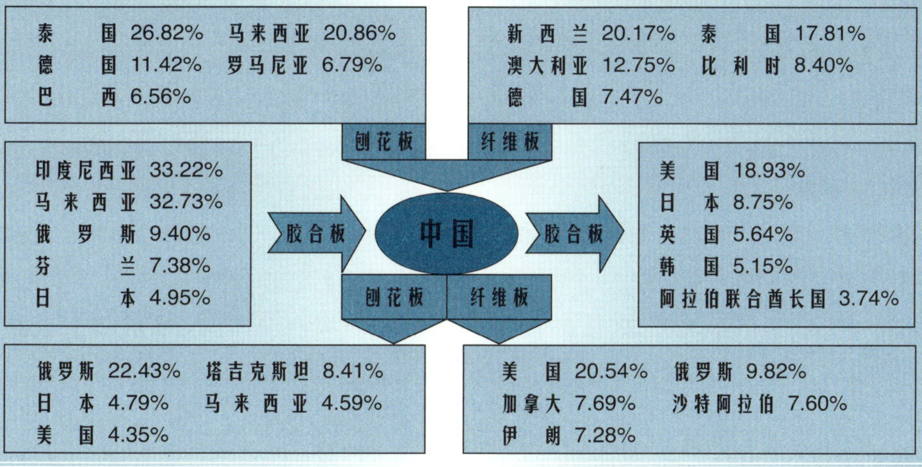

扩大；出口市场中北美洲的份额下降，拉丁美洲的份额提高。

2011年木家具出口2.89亿件，比2010年下降2.97%，出口额171.19亿美元，比2010年增长5.95%，增幅回落28.30个百分点；进口549.72万件，合5.46亿美元，分别比2010年增长26.04%和40.84%（图37）；进出口贸易顺差为165.73亿美元，比2010年扩大5.10%。

图 37　2002～2011 年家具进出口额变化趋势

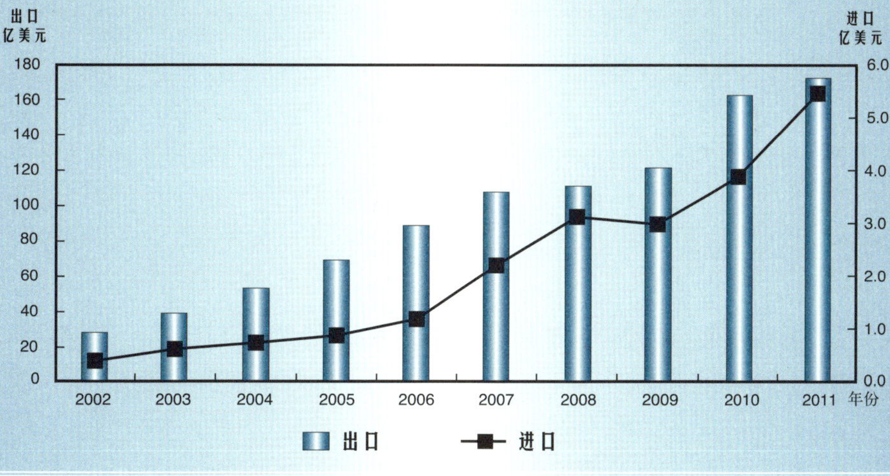

从产品结构看，出口以木框架坐具和卧室用木家具为主，进口产品主要有木框架坐具、厨房用木家具和卧室用木家具。木家具出口额中各类家具所占比

重依次为：木框架坐具33.86%、卧室用木家具15.91%、厨房用木家具4.73%、办公用木家具4.32%、其他木家具41.18%，与2010年比，木框架坐具下降了0.79个百分点，其他木家具的份额提高了0.88个百分点；木家具进口额中各类家具所占比重分别为：木框架坐具26.47%、厨房用木家具17.53%、卧室用木家具13.37%、办公用木家具2.84%、其他木家具39.79%，与2010年比，木框架坐具、卧室用木家具分别下降了1.25个和0.83个百分点，其他木家具提高了1.14个百分点。

从价格看，2011年家具平均出口价格和平均进口价格分别为59.20美元/件和99.41美元/件，分别比2010年提高9.31%和11.82%；各类家具的出口价格分别为：木框架坐具66.21美元/件、办公用木家具45.63美元/件、厨房用木家具46.61美元/件、卧室用木家具89.07美元/件、其他家具51.28美元/件，分别比2010年提高11.99%、11.68%、15.57%、6.21%、7.87%。各类家具的进口价格分别为：木框架坐具144.78美元/件、办公用木家具93.82美元/件、厨房用木家具272.79美元/件、卧室用木家具163.06美元/件、其他家具61.54美元/件；与 2010年比，木框架坐具、厨房用木家具、卧室用木家具和其他家具的价格分别上涨了4.62%、25.78%、13.04%和16.58%，办公用木家具的价格下降了39.35%。

从市场分布看，出口主要集中于北美洲、亚洲和欧洲市场，但北美和亚洲的份额下降，拉丁美洲的份额上升；进口市场中欧洲仍然占有绝对优势，且其份额有较大幅度的提高。2011年，木家具出口额中，各洲的市场份额依次为：北美洲36.15%、亚洲32.62%、欧洲19.32%、大洋洲4.80%、非洲2.49%、拉丁美洲4.61%，与2010年相比，拉丁美洲上升了2.55个百分点，北美洲和亚洲分别下降了2.41和0.90个百分点；木家具进口额中，各主要洲的市场份额依次为：欧洲65.38%、亚洲27.31%、北美洲7.05%，与2010年相比，欧洲提高了5.18个百分点，亚洲和北美洲分别下降了2.77个和2.38个百分点。从主要贸易伙伴看，依贸易额，前5位出口贸易伙伴为：美国32.17%、日本6.05%、英国5.56%、澳大利亚4.40%、新加坡4.15%，与2010年相比，美国、英国分别下降了2.24和0.46个百分点；前5位进口贸易伙伴为：意大利25.53%、德国16.94%、越南9.81%、波兰8.27%、美国6.75%，与 2010年相比，美国和越南分别下降了2.41和1.76个百分点，意大利、德国和波兰分别提高了2.77、0.97和1.98个百分点。

2011年家具出口数量与价格变化的主要原因：一是受欧洲债务危机、美国债务危机的影响，欧美经济复苏乏力，美国房地产市场仍然处于调整过程中，欧美市场对木家具的需求下降。二是由于人民币对美元汇率的持续上升，加上国内生产成本的提高和资金紧张，一方面压缩了出口家具生产企业的利润空间，使很多家具出口企业放弃出口订单，导致家具出口量减少；另一方面也推动我国出口家具的价格保持上涨趋势。三是美国《复合木制品甲醛标准法案》的正式生效，在一定程度上影响我国木制家具的对美出口。

木制品 2011年，木制品进出口快速增长，但增速大幅回落；贸易顺差进一步扩大。木制品出口额和进口额分别为45.36亿美元和1.57亿美元，分别比2010年增长10.23%和28.69%，增速分别比2010年回落13.53和16.55个百分点；进出口贸易顺差43.79亿美元，比2010年扩大了9.67%。从各类木制品出口看，建筑用木工制品、木餐具与厨房用木制品、木工艺品和其他木制品的出口额分别比 2010年增长6.02%、12.02%、4.09%和15.32%；出口额中各类木制品的份额依次为：建筑用木制品23.16%、木工艺品21.05%、木餐具与厨房用木制品9.50%、其他木制品46.29%，与2010年相比，木工艺品和建筑用木工制品的份额分别下降了1.25个和0.93个百分点，其他木制品的份额提高了2.03个百分点。

2011年，木制品出口的前5位贸易伙伴的份额依次为：美国26.17%、日本15.82%、德国5.41%、英国5.15%、荷兰3.54%，与2010年比，美国下降了2.10个百分点。

纸类 2011年，除纸和纸制品进口量略降外，纸类产品进出口表现出量值快速增长、价格大幅上扬、贸易逆差进一步扩大的态势。

2011年纸类产品出口119.97亿美元、进口239.98亿美元，分别比2010年增长36.62%和27.30%；进出口贸易逆差120.01亿美元，比2010年扩大了19.18%。出口产品主要是纸和纸制品、印刷品，分别占出口总额的87.15%和12.57%，与2010年比，纸和纸制品提高了1.11个百分点；进口产品以木浆、废纸、纸和纸制品为主，分别占进口总额的49.39%、29.03%和21.06%，与 2010年相比，木浆的比重提高了2.85个百分点，纸和纸制品的比重下降了3.40个百分点。

纸和纸制品（按木纤维浆比例折合值）出口599.78万吨，约合104.55亿美元，分别比2010年增长16.28%和38.39%；进口347.77万吨（图38），比2010年下降1.66%，进口额为50.55亿美元，比2010年增长9.63%；纸和纸制品贸易顺差

图 38 2002～2011 年纸和纸制品进出口量变化趋势

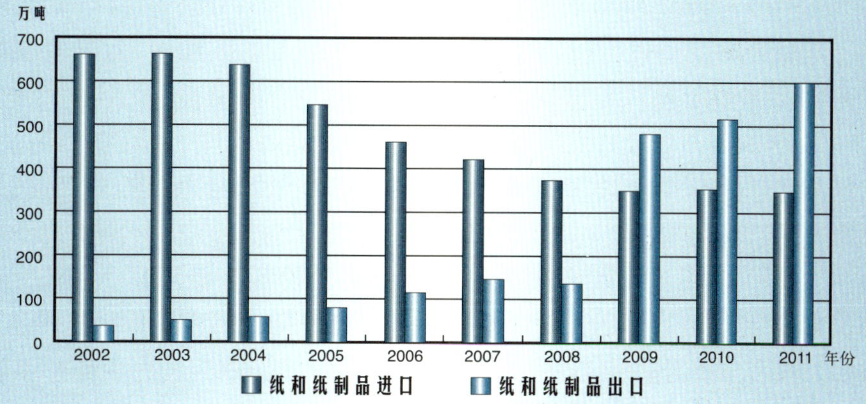

说明：2009～2011 年纸和纸产品出口的折算标准与 2000～2008 年不同。

54.00亿美元，比2010年扩大83.42%；纸和纸制品平均出口价格为1 743.14美元/吨，平均进口价格为1 453.55美元 /吨，分别比2010年上涨19.01%和11.49%。

木浆（不包括从回收纸和纸板中提取的纤维浆）出口3.15万吨，约合0.34亿美元；木浆进口1 435.46万吨（图39），合118.52亿美元，分别比2010年增长27.03%和35.08%；木浆贸易逆差为118.18亿美元，比2010年扩大34.86%；木浆平均出口价格为1 079.37美元/吨，平均进口价格为825.66美元/吨，分别比2010年上涨37.33%和6.33%。

废纸进口2 727.94万吨（图39），合69.67亿美元，分别比2010年增长12.02%和30.15%；进口平均价格为255.39美元/吨，比2010年上涨16.19%。

图 39　2002～2011 年木浆和废纸进口量变化趋势

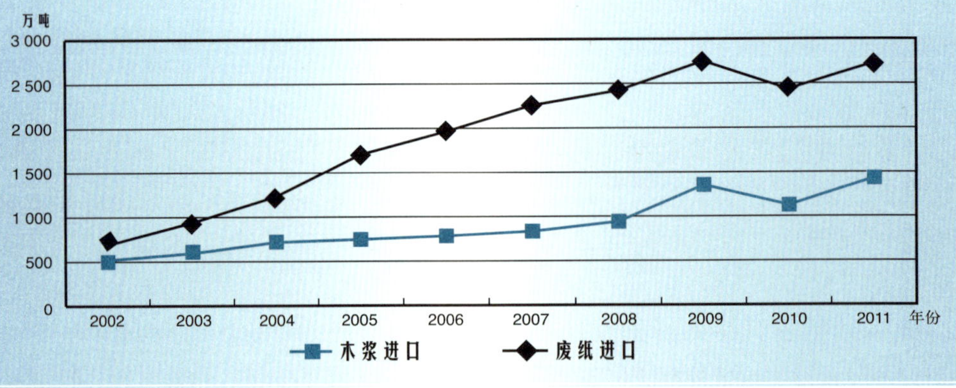

2011年木浆和纸类产品贸易的总体市场格局变化不大，但市场集中度略降。按贸易额排序，木浆进口的前5位贸易伙伴集中了近75%的份额，依次为：加拿大28.20%、巴西15.39%、美国12.87%、印度尼西亚9.73%、智利8.42%。与 2010年相比，前5位进口贸易伙伴的总份额下降了1.07个百分点，其中，加拿大提高了2.57个百分点，巴西下降了3.42个百分点；纸和纸制品出口的前5位贸易伙伴的份额依次是：美国16.77%、日本9.67%、中国香港9.54%、澳大利亚3.80%、英国3.24%，与 2010年相比，前5位出口贸易伙伴的总份额下降了2.50个百分点，其中中国香港下降了2.16个百分点；纸和纸制品进口的前5位贸易伙伴的份额分别为：美国18.42%、日本16.18%、韩国8.54%、中国台湾8.30%、瑞典8.15%，与2010年相比，前5位进口贸易伙伴的总份额下降了1.15个百分点，其中，美国提高了2.62个百分点，日本、韩国分别下降了2.29和1.31个百分点；废纸进口中，前 5位贸易伙伴集中了近80%的市场份额，依次为：美国44.64%、日本12.62%、英国10.15%、荷兰6.76%、中国香港4.40%，与2010年相比，前5位贸易伙伴的总份额下降了1.49个百分点，其中日本下降了2.03个百分点。

3. 非木质林产品进出口

非木质林产品进出口快速增长，进口增速高于出口增速，贸易逆差进一步扩大；进出口产品结构相对稳定。2011年非木质林产品出口144.78亿美元，进口248.95亿美元，比 2010年分别增长24.15%和46.17%，分别占林产品出口总额和进口总额的26.31%和38.12%，分别比2010年提高了1.13和2.27个百分点；贸易逆差为104.17亿美元，比2010年扩大50.47亿美元。从产品结构看（图40，图 41），与2010年相比，出口额中，菌、竹笋、山野菜类的份额提高了1.42个百分点，竹、藤、软木类的份额下降了0.96个百分点；进口额中，林化产品的份额提高了2.21个百分点，菌、竹笋、山野菜类的份额下降了1.54个百分点。

从地区结构看，非木质林产品进出口的市场分布相对稳定。前5位出口贸易伙伴的份额依次为：日本14.04%、美国12.74%、中国香港6.42%、越南

图 40　2011 年非木质林产品出口结构

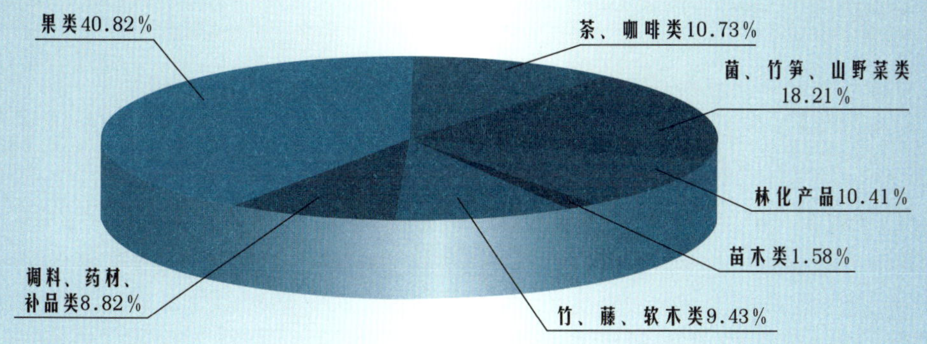

图 41　2011 年非木质林产品进口结构

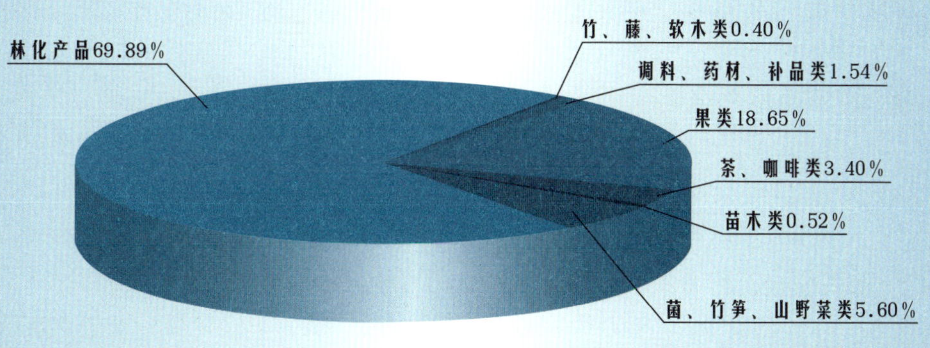

6.09%、德国4.75%，与2010基本持平；前 5位进口贸易伙伴的份额分别为：泰国25.79%、马来西亚25.71%、印度尼西亚20.91%、越南5.42%、法国3.78%，与2010年比，泰国提高了1.40个百分点，印度尼西亚下降了1.70个百分点。

果类 2011年，果类进出口快速增长，进口增速远高于出口增速；贸易顺差缩小；从产品结构看，出口相对稳定，进口变化明显；进出口额中，进干鲜果和坚果仍居首位，但份额持续下降，果类加工品的份额进一步提高。

2011年果类出口59.10亿美元，进口46.43亿美元，分别比2010年增长24.16%和45.78%；贸易顺差12.67亿美元，比 2010年缩减3.08亿美元；果类出口额中，干鲜果和坚果、果类加工品和其他果类产品所占比重分别为50.02%、49.39%和0.59%，与2010年相比，干鲜果和坚果的比重下降了2.86个百分点，果类加工品的比重提高了2.81个百分点；在果类加工品出口额中，果类罐头、果汁、果酒和饮料、其他果类加工品的比重分别为26.24%、41.11%、3.77%和28.88%，与2010年相比，果汁提高了3.30个百分点，其他果类加工品下降了3.20个百分点。果类进口额中，干鲜果和坚果占54.88%，果类加工品占44.26%，其他果类产品占0.86%，与2010年相比，干鲜果和坚果、其他果类产品分别下降了2.66和1.46个百分点，果类加工品提高了4.11个百分点；在果类加工品进口额中，果类罐头、果汁、果酒和饮料、其他果类加工品的比重分别为0.58%、11.19%、79.12%和9.10%，与2010年相比，果酒和饮料提高了5.48个百分点，果汁和其他果类产品分别下降了1.61和3.76个百分点。

2011年果类出口的市场格局变化不大，进口市场格局变化较为明显；进口和出口的市场集中度有所提高。按贸易额，前5位出口贸易伙伴依次为：美国17.97%、日本12.37%、印度尼西亚7.70%、俄罗斯6.91%、泰国6.68%；与2010年比，前5位贸易伙伴的总份额提高了2.32个百分点，其中泰国和日本分别提高了1.17和0.95个百分点。前5位进口贸易伙伴分别为：法国19.49%、泰国16.02%、美国14.03%、智利11.94%、越南8.22%，与2010年相比，前5位贸易伙伴的总份额提高了3.41个百分点，其中，法国和智利分别提高了4.40和1.77个百分点，美国下降了2.49个百分点。

林化产品 2011年，林化产品进出口高速增长，但出口增速大幅回落；大宗产品结构变化不大，天然橡胶及树胶的出口份额略有下降、进口份额小幅提高；进出口价格水平全面大幅上扬；贸易逆差进一步扩大。

2011年林化产品出口15.07亿美元，比2010年增长19.89%，增速回落30.11个百分点；进口174.00亿美元，比2010年增长50.95%；进出口贸易逆差158.93亿美元，比 2010年扩大56.23亿美元。出口额中前5位的产品总份额为82.68%，依次为松香39.35%、松香和树酯酸的深加工品26.48%、桉叶油7.56%、木质活性炭5.64%、樟脑3.65%，与2010年比，天然橡胶下降了3.32个百分点，木质活性炭和松香分别提高了0.97和0.62个百分点；其中，松香出口23.11万吨，比2010

年下降了7.49%，出口额5.93亿美元，比2010年增长21.77%，平均出口价格为2 565.99美元/吨，比2010年上涨31.69%；松香和树脂酸的深加工品出口12.24万吨，比2010年减少16.22%，出口额为3.99亿美元，比2010年增长18.05%。

林化产品进口以天然橡胶及天然树胶、棕榈油及其分离品为主，二者的总份额超过90%，其中，天然橡胶及天然树胶进口210.13万吨，进口额为93.80亿美元，占林化产品出口额的53.91%，平均进口价格为4 463.90元/吨，与2010年比，进口量和进口额分别增长12.89%和65.52%，平均进口价格上涨46.62%，占林化产品进口额的比重提高了4.74个百分点；棕榈油及其分离品进口591.22万吨，进口额为66.34亿美元，平均进口价格为1 122.09美元/吨，占林化产品进口额的比重为38.13%，与2010年比，进口量和进口额分别增长3.79%和40.82%，平均进口价格上涨35.68%，占林化产品进口额的比重降低了2.74个百分点。

按贸易额计算，前5位出口贸易伙伴为：日本19.34%、韩国6.97%、美国6.89%、葡萄牙6.74%、比利时5.50%，与 2010年比，日本和葡萄牙的份额分别提高了5.96和1.59个百分点，韩国、比利时、印度和德国的份额分别下降了2.42、1.74、1.65和1.47个百分点；前 5位进口贸易伙伴依次为：马来西亚35.88%、印度尼西亚28.72%、泰国26.95%、越南2.75%、菲律宾0.66%，与 2010年比，印度尼西亚下降了3.03个百分点，泰国提高了3.78个百分点。

菌、竹笋、山野菜类 2011年，菌、竹笋、山野菜类进出口大幅增加，出口增速高于进口增速；贸易顺差扩大。菌、竹笋、山野菜类出口26.37亿美元，比2010年增长34.68%；其中，菌类出口23.35亿美元、竹笋出口2.68亿美元，比2010年分别增长38.66%和11.20%；菌、竹笋、山野菜类进口13.95亿美元，比2010年增长14.72%；其中木薯产品进口13.88亿美元，比2010年增长15.19%。贸易顺差12.42亿美元，比2010年扩大4.99亿美元。

从市场结构看，出口市场以亚洲为主，但市场格局变化明显，东南亚市场的份额大幅提高；进口市场高度集中于泰国和越南，但市场份额由泰国向越南大幅转移。依贸易额，前5位出口贸易伙伴依次为：日本18.88%、越南17.49%、中国香港10.58%、马来西亚6.88%、泰国6.54%，与2010年比，越南、中国香港、马来西亚和泰国的份额分别提高了4.23、2.35、1.17和1.00个百分点，日本、美国和韩国的份额分别下降了4.35、0.99和0.97个百分点；主要进口贸易伙伴的市场份额分别为：泰国68.57%、越南28.87%、印度尼西亚1.94%，与2010年比，越南的份额提高了11.57个百分点，泰国的份额下降了10.86个百分点。

茶、咖啡类 2011年，茶、咖啡类产品进出口高速增长，进口增速高于出口增速，进出口价格全面上涨，贸易顺差有所扩大。2011年茶、咖啡类出口15.53亿美元，进口8.45亿美元，比 2010年分别增长32.51%和42.26%；贸易顺差7.08亿元，比 2010年扩大1.30亿美元。出口以茶叶和可可产品为主，其中茶叶出口 32.26万吨，出口额为9.65亿美元，占茶、咖啡类出口额的62.14%，平均出口价格为2 991.32美元/吨，与2010年比，出口量和出口额分别增长6.64%和23.09%，占茶、咖啡类出口额的比重下降4.76个百分点，平均出口价格上涨15.41%；可可及其制品出口3.15亿美元，比2010年增长47.89%，占茶、咖啡类出口额的20.28%，比2010年提高2.11个百分点。进口以可可及其制品和咖啡为主，其中可可及其制品进口6.05亿美元，比2010年增长38.44%，占茶、咖啡类进口额的71.60%，比2010年下降1.97个百分点；咖啡（包括咖啡壳、咖啡皮和含咖啡的咖啡代用品）进口1.30亿元，比2010年增长85.71%，占茶、咖啡类进口额的15.38%，比2010年提高3.60个百分点。

从市场结构看，茶叶出口的市场格局基本稳定，市场集中度略有降低；可可及其制品出口的市场结构变化明显，对德国、法国和美国的出口额分别下降了75.88%、47.75%和12.74%，对西班牙、澳大利亚和哥伦比亚的出口额成倍增长；可可及其制品进口的市场集中度有所下降。按贸易额排序，前5位的茶叶出口贸易伙伴为：摩洛哥19.64%、中国香港6.95%、美国 6.84%、日本5.65%、俄罗斯5.58%，与 2010年比，前5位出口贸易伙伴的总份额下降了2.25个百分点，其中，日本下降了1.53个百分点；前 5位可可及其制品出口贸易伙伴为：中国香港19.04%、西班牙6.82%、菲律宾6.00%、澳大利亚5.22%、哥伦比亚5.03%，与 2010年比，前 5位出口贸易伙伴的市场总份额提高了0.49个百分点，其中中国香港、西班牙、澳大利亚、哥伦比亚分别提高了2.88、4.84、1.73和1.80个百分点，德国、法国和美国分别下降了6.99、4.98和1.59个百分点；前5位可可及其制品进口贸易伙伴为：马来西亚18.79%、意大利16.63%、加纳11.30%、美国8.75%、印度尼西亚7.88%，与2010年比，前5位进口贸易伙伴的市场总份额下降了3.01个百分点，其中印度尼西亚和新加坡分别下降了6.58和2.23个百分点，加纳、美国和马来西亚分别提高了1.62、1.25和0.76个百分点。

竹、藤、软木类 2011年，竹、藤、软木类产品进出口快速增长；贸易顺差略有扩大。竹、藤、软木类出口13.65亿美元，进口0.99亿美元，分别比2010年增长12.72%和16.47%；贸易顺差12.66亿元，比2010年扩大1.40亿美元。出口额中，柳条编结品（不含家具）占33.48%，竹及竹编结品（不包括家具）占31.14%，竹地板和其他竹制特形材占18.53%，藤及藤编结品（不含家具）占8.94%，竹藤柳家具占6.45%，软木及软木制品占1.32%，其他竹、藤、软木类产品占0.15%；与 2010年相比，藤及藤编结品（不含家具）、柳条编结品（不含家具）的份额分别下降了1.44和1.12个百分点，竹及竹编结品（不包括家具）和竹藤柳家具的份额分别提高了1.65和0.75个百分点。进口以软木及软木制品、藤及藤编结品（不含家具）、竹及竹编结品（不含家具）为主，进口额中三者的份额依次为48.48%、38.38%和4.14%，与2010年相比，软木及软木制品的份额下降了2.61个百分点，其他竹、藤、软木类产品的份额提高了3.92个百分点。

从市场结构看，竹、藤、软木类产品的进出口市场格局变化不大。按贸易额，前5位出口贸易伙伴的份额依次为：美国24.81%、荷兰6.28%、德国6.14%、日本5.62%、英国4.57%，与 2010年比，荷兰的份额下降了1.14个百分点；前5位进口贸易伙伴的份额分别为：印度尼西亚37.08%、葡萄牙35.72%、缅甸6.50%、意大利4.01%、西班牙3.40%，与2010年比，缅甸的份额提高了3.23个百分点，葡萄牙的份额降低了3.25个百分点。

调料、药材、补品类 2011年，调料、药材、补品类出口12.77亿美元，进口3.84亿美元，比 2010年分别增长16.41%和19.63%，贸易顺差8.93亿美元，比2010年扩大1.17亿美元。

调料、药材、补品类出口的前 5位贸易伙伴的份额依次为：中国香港22.28%、日本21.13%、越南7.63%、韩国5.60%、中国台湾4.51%，与2010年比，韩国减少了2.10个百分点；前5位进口贸易伙伴的份额分别为：中国香港40.49%、德国13.93%、韩国9.69%、日本4.51%、印度尼西亚3.73%，与2010年比，中国香港、加纳、美国的份额分别下降了8.78、2.24、0.99个百分点，德国和韩国的份额分别提高了2.07和7.85个百分点。

苗木类 2011年，苗木类出口 2.29亿美元，进口1.29亿美元，分别比2010年增长11.17%和24.04%。

专栏 11 野生动植物国际贸易保护管理

2011 年，野生动植物进出口管理工作不断推进。一是完善规章制度，修订《野生动植物种证书核发管理办法（征求意见稿）》，在国务院法制办网站公开征求意见。起草了《允许进出口证明书被许可人监督检查管理办法》（草案）和《非〈进出口野生动植物种商品目录〉物种证明被许可人监督检查管理办法》（草案）、《被许可人信用评估制度研究工作方案》。二是研究与制定相关政策。研究有关金龙鱼、欧洲鳗鲡、台湾文心兰、南美蒺藜木等贸易的便利政策和监管措施；与相关部门沟通确定今后五年种用濒危物种进口免税政策。三是组织开展行政许可专项监督检查，促进企业依法经营。四是举办履约管理、执法、鉴定培训。

2011 年，野生动植物出口 190.46 亿元人民币（动物 26.96 亿元，植物 163.50 亿元），进口 1 336.42 亿元人民币（动物 16.86 亿元，植物 1 319.56 亿元）。

L

P149-169

附录

2011年各地区林业产业总产值

（按现行价格计算）

单位：万元

地 区	总 计	第一产业	第二产业	第三产业
全国合计	**305967308**	**110561944**	**166883963**	**28521401**
北 京	1434945	825507	63871	545567
天 津	204392	175917	13710	14765
河 北	7459549	4084488	3072123	302938
山 西	2553886	2031947	397777	124162
内 蒙 古	2178434	1190042	635051	353341
辽 宁	12383977	7378090	3917116	1088771
吉 林	10262538	2850941	6226521	1185076
黑 龙 江	9167585	3428679	4226874	1512032
上 海	3346594	338877	2917905	89812
江 苏	22916203	6180705	14936348	1799150
浙 江	27919858	6572664	19007542	2339652
安 徽	11718236	3762434	6473669	1482133
福 建	25593977	5198077	19976694	419206
江 西	13177449	5435418	4823215	2918816
山 东	29514848	11002718	17038018	1474112
河 南	9228611	4796112	3692288	740211
湖 北	8964102	3921090	3624193	1418819
湖 南	14456850	5372697	6092363	2991790
广 东	33280989	4446428	28217519	617042
广 西	16723081	5600639	10232068	890374
海 南	3783604	2416477	1276378	90749
重 庆	3265221	1915837	821574	527810
四 川	14440422	5311699	5549384	3579339
贵 州	3406879	1809187	685141	912551
云 南	6893883	5046399	1557823	289661
西 藏	183850	168601	12818	2431
陕 西	3258288	2786660	254652	216976
甘 肃	1926727	1699294	75039	152394
青 海	124369	122476	42	1851
宁 夏	951370	643542	231652	76176
新 疆	4368083	3671358	457593	239132
大兴安岭	878508	376944	377002	124562

2011年各地区按经济成分、造林方式、林种分的造林面积

单位：公顷

地区	当年造林面积											
		按经济成分分		按造林方式分				按林种用途分				
	总计	公有经济造林	非公有经济造林	人工造林		飞播造林	无林地和疏林地新封山育林	用材林	经济林	防护林	薪炭林	特种用途林
				合计	其中：竹林							
全国合计	**5996613**	**2947928**	**3048685**	**4065693**	**74580**	**196931**	**1733989**	**1019320**	**1218281**	**3688827**	**36805**	**33380**
北京	20796	20389	407	6510			14286	11	390	19698		697
天津	7401	1480	5921	7401				1973	1037	4391		
河北	286423	125969	160454	175906		40665	69852	24789	21437	240164		33
山西	299713	246785	52928	215390		2668	81655	300	81295	212168	5950	
内蒙古	731837	411994	319843	335136		113598	283103	17738	14030	699445		624
辽宁	246767	40078	206689	140167			106600	11947	16673	218032	62	53
吉林	36424	15781	20643	34090			2334	1819	3082	31480		43
黑龙江	123763	87929	35834	71921			51842	17005	1899	102108	260	2491
上海	710	608	102	710					105	605		
江苏	57294	27734	29560	57294	2			7601	7683	41082		928
浙江	40473	27502	12971	36536	771		3937	2665	8158	28734		916
安徽	45629	12528	33101	23373	1887		22256	10329	14924	19997	334	45
福建	212724	50150	162574	212724	857			144061	20590	46154	286	1633
江西	164521	38699	125822	141693	494		22828	71029	33418	56942	1617	1515
山东	219028	102415	116613	217329			1699	34598	51154	130896		2380
河南	237740	46234	191506	193500			44240	56717	28704	150747	666	906
湖北	194654	45957	148697	145911	2914		48743	66712	38733	85697	34	3478
湖南	402435	48606	353829	235823	817		166612	115459	48334	235527	1106	2009
广东	125476	66927	58549	121640	402		3836	51541	13115	60478	200	142
广西	147810	18587	129223	132213	10080		15597	113198	12201	22165		246
海南	10914	1853	9061	10914				458	1133	8715		608
重庆	244644	144642	100002	139288	5050		105356	53047	22834	164516	3655	592
四川	251926	129216	122710	131636	15599		120290	84882	50926	109431	667	6020
贵州	202409	168578	33831	98724			103685	30013	67872	101038	2365	1121
云南	619961	219492	400469	551252	35707		68709	67076	433746	109746	9293	100
西藏	46705	46705		34306			12399	27847	2115	8789	7954	
陕西	325752	258155	67597	200151		40000	85601	4051	84570	237131		
甘肃	189807	168292	21515	106043			83764		15718	167756		6333
青海	177492	176386	1106	49731			127761			177492		
宁夏	90478	85123	5355	59810			30668	1630	21472	67376		
新疆	216907	95134	121773	160571			56336	824	100933	112327	2356	467
大兴安岭												

注：全国合计造林面积中包括军事管理区 18 000 公顷人工营造的防护林。

2011年各地区营林生产主要指标完成情况

单位：公顷

地区	更新造林	四旁（零星）植树（万株）	年末实有封山（沙）育林面积	低产低效林改造面积	幼林抚育作业面积（公顷次）	成林抚育面积		当年苗木产量（万株）	育苗面积	
						合计	其中：中、幼龄林抚育面积		合计	其中：本年新育
全国合计	**326641**	**245776**	**23481113**	**788810**	**12800526**	**11322527**	**7334450**	**5305505**	**769168**	**219512**
北京	1014	257	133372	6413	20992	83158	80605	11516	12015	1015
天津		477	26014		56214	58505	34701	1728	8280	2351
河北	4019	10357	943059	998	537226	391409	277358	335673	43933	17661
山西		10803	868733	1334	132180	86239	82971	230611	53842	24515
内蒙古	14347	4498	3331150	9744	599038	1105776	692473	231034	19040	8257
辽宁	8983	9777	1213833	5057	175452	74049	62120	789390	19481	7352
吉林	8118	1490	402917	6562	671390	313862	267538	154903	12114	4440
黑龙江	11589	1826	757367	5933	679806	668399	627856	151373	12915	3363
上海		92			20550	41621	10358	3235	52	5
江苏	1514	9476	22781	417	197671	441481	263670	790343	109442	13105
浙江	13033	2858	811446	27422	58211	223425	131641	457698	113614	21794
安徽		18869	466401	14242	474826	579261	344618	120685	44733	11106
福建	72418	2861	617169	21815	617169	116523	68232	61174	1522	808
江西	26746	14820	919261	66195	464312	247866	190175	143071	27683	5329
山东	8266	20609	236097	14746	1112728	1062132	843713	253077	95911	23272
河南	299	23793	314611	9647	586725	711730	357226	164220	19666	12077
湖北	3373	12317	953850	33432	341810	384311	220573	114264	34781	8366
湖南		10107	871141	126487	631115	353449	327500	116369	16342	1453
广东	70707	7587	185436	28997	230259	149147	99273	75297	3598	1019
广西	66568	5409	2010661	12461	625922	590382	231745	84872	1782	1197
海南	5073	1362	331376	31	7058	42515	38534	7243	993	124
重庆		10922	372116	16718	116200	67443	60417	81989	17353	4693

（续）

地区	更新造林	四旁（零星）植树（万株）	年末实有封山（沙）育林面积	低产低效林改造面积	幼林抚育作业面积（公顷次）	成林抚育面积		当年苗木产量（万株）	育苗面积	
						合计	其中：中、幼龄林抚育面积		合计	其中：本年新育
四川	5720	27648	1190727	91703	223236	163399	154043	156777	8988	4710
贵州		4236	625302	32433	111357	107687	70703	107734	6558	2523
云南	2768	9323	1670675	153309	42770	127342	126335	104053	4358	2964
西藏	520	260	12399			13333	13333	3355	926	262
陕西		11441	834057	59569	463570	269192	201792	259230	21747	9366
甘肃		7423	817462	1766	151843	196007	129507	164162	15886	9001
青海		1330	887499	133	29233	7573	6240	51122	3567	1132
宁夏		1451	254179	2778	596853	363000	195976	35761	23700	7994
新疆	1566	2096	1400022	36401	2824810	1988326	829239	43176	14298	8231
大兴安岭				2067		293985	293985	367	48	27

2011 年各地区主要林产品产量

单位：吨

地　区	生　漆	油桐籽	油茶籽	乌桕籽	五倍子	棕　片	松　脂	竹笋干	核　桃	板　栗	紫胶(原胶)
全国合计	**18867**	**437702**	**1480044**	**36024**	**17648**	**53758**	**1156612**	**581871**	**1655508**	**1896603**	**3075**
北　京									17109	32082	
天　津									905	757	
河　北									96891	206241	
山　西									87528	1270	
内蒙古											
辽　宁									124915	118320	
吉　林									41096	980	
黑龙江									557		
上　海								190			
江　苏			4					2794	4	26255	
浙　江		80	48860			451	1950	148810	19618	71575	
安　徽	244	2374	31608	180	64	1096	6467	16959	15227	148680	
福　建	24	21821	81899	523	85	14257	80553	129793	16	86646	12
江　西	638	12562	427212	292	310	2473	79864	10909	796	28534	
山　东									73244	279474	
河　南	2045	115872	22375	11075	4075		2712	146	80483	250072	
湖　北	7547	17395	82916	12298	3337	3622	35194	10737	89452	288878	250
湖　南	958	43400	516808	1319	1589	7220	35777	26974	14562	87830	41
广　东	192	7191	60393	605		2646	190459	33221		11853	420
广　西	32	75525	151503	77	142	3247	533620	26003	982	73100	
海　南	1		38				5886	575			
重　庆	1011	13575	3854	5688	2441	626	407	24579	10743	8954	
四　川	663	23923	4649	1253	555	1658	6686	128841	176710	26097	62
贵　州	2707	68136	32550	2164	1348	3294	6631	12498	17664	23486	4
云　南	584	16129	5447	79	109	9999	169652	7818	339809	53082	2286
西　藏									4436		
陕　西	2190	19664	9928	471	3421	3147	754	1016	142680	68558	
甘　肃	31	55			172	22		8	59975	3879	
青　海									756		
宁　夏									242		
新　疆									239108		
大兴安岭											

全国历年分造林方式、分林种造林面积

单位：千公顷

年 份	造林面积合计	按造林方式分			按林种用途分				
		人工造林	飞播造林	无林地和疏林地新封	用材林	经济林	防护林	薪炭林	特种用途林
1981 年	4110.07	3681.00	429.07		2531.20	630.47	636.87	192.00	119.53
1982 年	4495.60	4115.80	379.80		2630.60	652.80	860.93	222.33	128.94
1983 年	6324.40	5603.13	721.27		3804.60	819.53	1098.40	451.07	150.80
1984 年	8253.67	7290.74	962.93		5065.67	939.07	1476.40	585.47	187.06
1985 年	8336.80	6948.80	1388.00		5291.40	793.07	1472.80	598.67	180.86
1986 年	5274.00	4158.20	1115.80		3326.67	689.20	768.93	392.47	96.73
1987 年	5414.20	4207.27	1206.93		3338.46	865.27	752.47	373.80	84.20
1988 年	5533.27	4574.80	958.47		3302.93	913.67	823.33	392.53	100.81
1989 年	5023.33	4109.53	913.80		3015.33	752.20	817.07	364.67	74.06
1990 年	5208.47	4353.34	855.13		3156.47	644.53	1029.73	340.07	37.67
1991 年	5594.47	4751.80	842.67		3343.67	669.53	1243.67	311.67	25.93
1992 年	6030.40	5083.70	946.70		3355.10	973.20	1442.10	235.30	24.70
1993 年	5903.40	5044.40	859.00		2812.50	1563.60	1314.60	191.10	21.60
1994 年	5992.66	5190.24	802.42		2504.47	2063.94	1253.31	152.07	18.87
1995 年	5214.61	4629.35	585.26		1844.25	1969.85	1240.44	145.26	14.81
1996 年	4919.38	4314.96	604.42		1710.85	1672.02	1368.61	150.04	17.86
1997 年	4354.93	3737.75	617.18		1465.05	1371.31	1366.23	135.49	16.85
1998 年	4811.05	4086.00	725.05		1459.68	1394.82	1772.02	167.03	17.50
1999 年	4900.71	4276.85	623.86		1418.01	1403.88	1948.54	115.30	14.98
2000 年	5105.14	4345.01	760.13		1218.46	1350.28	2430.83	82.34	23.23
2001 年	4953.04	3977.32	975.72		905.52	1068.54	2913.54	45.61	19.83
2002 年	7770.97	6896.04	874.93		898.74	964.21	5828.81	59.14	20.07
2003 年	9118.89	8432.49	686.41		1175.81	797.32	7087.32	37.07	21.37
2004 年	5598.08	5018.89	579.19		871.13	456.69	4210.77	49.97	9.52
2005 年	3637.68	3221.30	416.39		607.55	337.82	2667.95	16.07	8.29
2006 年	3838.79	2446.12	271.80	1120.87	481.63	403.32	2942.59	7.80	3.45
2007 年	3907.71	2738.52	118.67	1050.52	610.37	478.42	2790.17	7.99	20.76
2008 年	5353.74	3684.26	154.07	1515.41	782.11	850.77	3697.16	4.02	19.67
2009 年	6262.33	4156.29	226.34	1879.70	801.32	1002.56	4407.65	23.71	27.10
2010 年	5909.92	3872.76	195.95	1841.21	809.94	1110.90	3943.43	18.89	26.77
2011 年	5996.61	4065.69	196.93	1733.99	1019.32	1218.28	3688.83	36.81	33.38

注：根据造林技术规程（GB/T 15776-2006），本表自 2006 年起将无林地和疏林地新封山育林面积计入造林总面积。

2011 年各地区林业重点工程造林面积

单位：公顷

地区	全部造林面积	重点工程造林面积						其他造林
		合计	天然林资源保护工程	退耕还林工程	京津风沙源治理工程	三北及长江流域等重点防护林体系建设工程	速生丰产用材林基地建设工程	
全国合计	**5996613**	**3093865**	**553564**	**730177**	**545191**	**1264026**	**907**	**2902748**
北京	20796	17953			17753	200		2843
天津	7401	7401				7401		
河北	286423	181654		12380	94705	73935	634	104769
山西	299713	181776	46343	45291	24734	65408		117937
内蒙古	731837	660392	87317	39696	407999	125380		71445
辽宁	246767	129279		30664		98615		117488
吉林	36424	35273		11269		24004		1151
黑龙江	123763	110428		27091		83064	273	13335
上海	710							710
江苏	57294	29517				29517		27777
浙江	40473	13595				13595		26878
安徽	45629	38684		15335		23349		6945
福建	212724	46288				46288		166436
江西	164521	52890		22660		30230		111631
山东	219028	63733				63733		155295
河南	237740	99952	4664	48261		47027		137788
湖北	194654	102892	23694	42672		36526		91762
湖南	402435	70093		35487		34606		332342
广东	125476	44587				44587		80889
广西	147810	45592		18246		27346		102218
海南	10914	9016		2465		6551		1898
重庆	244644	58938	32669	26269				185706
四川	251926	105096	78199	26897				146830
贵州	202409	51241	19336	18667		13238		151168
云南	619961	230605	72985	137060		20560		389356
西藏	46705	11999	3333	8666				34706
陕西	325752	231076	88634	59356		83086		94676
甘肃	189807	141323	50311	22164		68848		48484
青海	177492	101707	28132	22516		51059		75785
宁夏	90478	40698	17947	5999		16752		49780
新疆	216907	162187		33066		129121		54720
大兴安岭								

注：退耕还林工程中包括军事管理区 18000 公顷荒山荒地造林。

全国历年林业重点工程完成造林面积

单位：千公顷

年别	合计	天然林资源保护工程	退耕还林工程		京津风沙源治理工程	三北及长江流域等重点防护林体系建设工程							速生丰产用材林基地建设工程
			小计	其中：退耕地造林		小计	三北防护林体系建设工程	长江流域防护林体系建设工程	沿海防护林体系建设工程	珠江流域防护林体系建设工程	太行山绿化工程	平原绿化工程	
1979～1985年	**10109.80**					**10109.80**	**10109.80**						
1986年	1106.73					1106.73	1106.73						
1987年	1064.80					1064.80	1064.80						
1988年	1063.93					1063.93	1063.93						
1989年	1001.80					1001.80	956.07	45.73					
1990年	1662.06					1662.06	983.33	324.13			354.60		
“七五”小计	**5899.32**					**5899.32**	**5174.86**	**369.86**			**354.60**		
1991年	2082.20					2082.20	1170.47	462.40	223.60		225.73		
1992年	2308.00					2308.00	1255.20	584.60	235.80		232.40		
1993年	2602.10				132.80	2211.80	1160.00	573.00	131.20		275.20	72.40	257.50
1994年	2729.59				139.79	2366.48	1255.49	546.00	152.78		358.22	53.99	223.32
1995年	2862.17				168.59	2450.71	1333.26	535.71	103.27		427.04	51.43	242.87
“八五”小计	**12584.06**				**441.18**	**11419.19**	**6174.42**	**2701.71**	**846.65**		**1518.59**	**177.82**	**723.69**
1996年	2669.49				164.95	2316.73	1342.28	463.96	72.17		402.46	35.86	187.81
1997年	2642.61				215.95	2233.46	1266.12	447.75	63.48	56.72	366.32	33.07	193.20
1998年	2856.00	290.35			231.58	2196.02	1243.96	448.60	60.29	39.85	343.74	59.58	138.05
1999年	3275.63	477.56	447.93	381.47	211.58	2032.46	1245.41	369.84	44.48	32.09	293.36	47.28	106.10
2000年	3345.92	426.37	683.60	328.42	280.27	1708.80	1053.16	206.94	56.91	30.68	298.51	62.60	246.88
“九五”小计	**14789.65**	**1194.28**	**1131.53**	**709.89**	**1104.33**	**10487.47**	**6150.93**	**1937.09**	**297.33**	**159.34**	**1704.39**	**238.39**	**872.04**
2001年	3160.18	948.08	870.99	386.14	217.32	1034.92	541.71	162.72	90.90	27.05	141.29	71.25	88.87
2002年	6777.38	856.08	4423.61	2039.77	676.38	775.63	453.76	110.29	55.71	46.55	76.15	33.16	45.68
2003年	8262.78	688.26	6196.13	3085.93	824.43	533.54	275.30	108.75	38.56	44.71	50.05	16.18	20.43
2004年	4802.85	641.45	3217.54	824.90	473.27	448.32	232.34	113.28	30.18	31.76	30.92	9.85	22.27
2005年	3109.11	424.81	1898.36	667.39	408.25	368.20	217.89	65.94	22.68	30.67	28.52	2.50	9.49
“十五”小计	**26112.30**	**3558.68**	**16606.63**	**7004.13**	**2599.64**	**3160.62**	**1721.00**	**560.98**	**238.03**	**180.74**	**326.93**	**132.94**	**186.73**
2006年	2810.80	774.82	1050.53	218.49	409.54	566.82	326.83	78.67	16.96	28.82	114.67	0.87	9.10
2007年	2681.65	732.88	1056.02	59.46	315.13	574.22	381.53	76.40	23.85	17.42	73.93	1.10	3.39
2008年	3437.50	1009.02	1189.70	2.16	469.04	765.77	497.95	72.25	74.25	36.97	80.28	4.07	3.98
2009年	4596.24	1360.91	886.67	0.74	434.82	1893.08	1255.87	222.13	212.18	82.06	119.16	1.67	20.77
2010年	3669.65	885.48	982.62	0.33	439.13	1360.65	928.24	118.81	173.24	66.83	69.22	4.30	1.78
“十一五”小计	**17195.84**	**4763.11**	**5165.52**	**281.19**	**2067.66**	**5160.54**	**3390.42**	**568.26**	**500.48**	**232.10**	**457.27**	**12.01**	**39.01**
2011年	3093.87	553.56	730.18	0.06	545.19	1264.03	737.78	204.84	209.89	72.29	36.58	2.64	0.91
1979～2011年	**89784.83**	**10069.62**	**23633.86**	**7995.26**	**6758.00**	**47500.96**	**33459.21**	**6342.74**	**2092.38**	**644.47**	**4398.35**	**563.80**	**1822.38**

注：太行山绿化工程1990年造林面积354.60千公顷系指1984～1990年的造林面积，其中1990年造林面积为109.73千公顷。京津风沙源治理工程1993～2000年数据为原全国防沙治沙工程数据。速丰林基地工程1993～2000年数据为原利用世界银行贷款营造速丰林工程数据。根据造林技术规程（GB/T 15776-2006），本表自2006年起将无林地和疏林地新封山育林面积计入造林总面积。

全国历年林业重点工程实际完成投资及国家投资

单位：万元

指标名称		合计	天然林资源保护工程	退耕还林工程	京津风沙源治理工程	三北及长江流域等重点防护林体系建设工程							野生动物植物保护及自然保护区建设工程	速生丰产用材林基地建设工程
						小计	三北防护林体系建设工程	长江流域防护林体系建设工程	沿海防护林体系建设工程	珠江流域防护林体系建设工程	太行山绿化工程	平原绿化工程		
1979～1989年	**实际完成投资**	**62295**				**62295**	**53781**	**1167**			**7347**			
	其中：国家投资	**35443**				**35443**	**33076**	**427**			**1940**			
1990年	实际完成投资	25537				25537	16733	6676			2128			
	其中：国家投资	13469				13469	10291	2616			562			
1991年	实际完成投资	34949				34949	19750	7747	5214		2238			
	其中：国家投资	20247				20247	14315	3205	1983		744			
1992年	实际完成投资	44640				44640	24921	10342	7250		2127			
	其中：国家投资	22888				22888	15978	3608	2613		689			
1993年	实际完成投资	118913			3351	66925	35080	15112	9773		4436	2524		48637
	其中：国家投资	32351			1914	27613	18076	5283	2346		949	959		2824
1994年	实际完成投资	144563			6822	79326	38928	18587	9485		6903	5423		58415
	其中：国家投资	36779			3064	32187	19589	6535	1899		1643	2521		1528
1995年	实际完成投资	162611			7259	86411	42459	18308	10268		7443	7933		68941
	其中：国家投资	43062			3523	36285	21454	5474	2089		2253	5015		3254
“八五”小计	**实际完成投资**	**505676**			**17432**	**312251**	**161138**	**70096**	**41990**		**23147**	**15880**		**175993**
	其中：国家投资	**155327**			**8501**	**139220**	**89412**	**24105**	**10930**		**6278**	**8495**		**7606**
1996年	实际完成投资	203110			15741	124720	71169	23114	16548		7371	6518		62649
	其中：国家投资	54772			4506	47433	30802	7455	2531		2085	4560		2833
1997年	实际完成投资	244737			33782	152324	80567	21095	12653	16430	12247	9332		58631
	其中：国家投资	68989			12247	52494	34704	7196	2198	502	2853	5041		4248
1998年	实际完成投资	495760	227761		37741	176215	90289	27774	21029	12060	11970	13093		54043
	其中：国家投资	285611	206365		10176	63797	37206	11154	3340	1557	5411	5129		5273
1999年	实际完成投资	761756	409225	33595	35477	235521	118754	31384	22897	16463	24232	21791		47938
	其中：国家投资	506707	351309	33595	8198	108432	57383	16345	5717	2775	14195	12017		5173

（续）

指标名称		合计	天然林资源保护工程	退耕还林工程	京津风沙源治理工程	三北及长江流域等重点防护林体系建设工程							野生动物植物保护及自然保护区建设工程	速生丰产用材林基地建设工程
						小计	三北防护林体系建设工程	长江流域防护林体系建设工程	沿海防护林体系建设工程	珠江流域防护林体系建设工程	太行山绿化工程	平原绿化工程		
2000 年	实际完成投资	1106412	608414	154075	43102	300821	143682	31273	31551	14392	23781	56142		
	其中：国家投资	881704	582886	146623	15655	136540	71602	18427	13768	6831	13327	12585		
“九五”小计	**实际完成投资**	**2811775**	**1245400**	**187670**	**165843**	**989601**	**504461**	**134640**	**104678**	**59345**	**79601**	**106876**		**223261**
	其中：国家投资	**1797783**	**1140560**	**180218**	**50782**	**408696**	**231697**	**60577**	**27554**	**11665**	**37871**	**39332**		**17527**
2001 年	实际完成投资	1795799	949319	314547	183275	303066	102468	53406	40026	10678	16169	80319	20917	24675
	其中：国家投资	1355797	887717	248459	59283	145743	56163	22736	14425	6499	8832	37088	12109	2486
2002 年	实际完成投资	2558004	933712	1106096	123238	316711	139272	45837	41164	17657	17151	55630	39261	38986
	其中：国家投资	2250647	881617	1061504	120022	157582	66512	27942	13839	15481	10920	22888	28460	1462
2003 年	实际完成投资	3339160	679020	2085573	258781	232083	85437	41442	29155	13136	10436	52477	52406	31297
	其中：国家投资	2978139	650304	1926019	239513	136239	49105	27758	20127	11083	8097	20069	25609	455
2004 年	实际完成投资	3510242	681985	2142905	267666	352661	86645	109028	51946	11922	13048	80072	44465	20560
	其中：国家投资	2983123	640983	1920609	261857	135782	44014	26017	29705	9797	11268	14981	22133	1759
2005 年	实际完成投资	3616302	620148	2404111	332625	192556	85231	53607	23029	9134	14620	6936	51452	15410
	其中：国家投资	3212387	584777	2185928	325408	91292	41252	12808	19704	7039	10095	394	24450	532
“十五”小计	**实际完成投资**	**14819507**	**3864184**	**8053232**	**1165585**	**1397077**	**499053**	**303320**	**185320**	**62527**	**71423**	**275434**	**208501**	**130928**
	其中：国家投资	**12780093**	**3645398**	**7342519**	**1006083**	**666638**	**257046**	**117261**	**97800**	**49899**	**49212**	**95420**	**112761**	**6694**
2006 年	实际完成投资	3533372	643750	2321449	327666	179501	84328	24386	42553	6509	13949	7776	54718	6288
	其中：国家投资	3255411	604120	2224633	310029	85398	38539	8262	20637	4647	13108	205	30750	481
2007 年	实际完成投资	3480379	820496	2084085	320929	165879	94026	13912	37819	3994	13213	2915	79580	9410
	其中：国家投资	3029091	666496	1915544	298768	91273	48202	9964	23290	2811	6541	465	55464	1546
2008 年	实际完成投资	4202355	973000	2489727	323871	337349	184078	34916	94009	7142	16804	400	69800	8608
	其中：国家投资	3626077	923500	2210195	310795	139275	99184	13119	18429	4043	4275	225	41963	349
2009 年	实际完成投资	5087347	817253	3217569	403175	557076	270310	101057	140019	23828	21663	199	80097	12177
	其中：国家投资	4179556	688199	2886310	355377	209602	133198	27000	35953	8979	4422	50	39948	120
2010 年	实际完成投资	4720065	731299	2927290	382406	570888	284589	49422	192579	27177	16471	650	100107	8075
	其中：国家投资	3617431	591086	2499773	329166	138550	68632	19557	33802	12519	4000	40	57740	1116
“十一五”小计	**实际完成投资**	**21023518**	**3985798**	**13040120**	**1758047**	**1810693**	**917331**	**223693**	**506979**	**68650**	**82100**	**11940**	**384302**	**44558**
	其中：国家投资	**17707566**	**3473401**	**11736455**	**1604135**	**664098**	**387755**	**77902**	**132111**	**32999**	**32346**	**985**	**225865**	**3612**
2011 年	实际完成投资	5322129	1826744	2463373	250395	664819	322215	98832	200344	26204	12948	4276	114253	2545
	其中：国家投资	4343147	1696826	1949855	223978	394431	208105	42627	117478	14984	11167	70	77727	330
1979～2011 年	**实际完成投资**	**44544900**	**10922126**	**23744395**	**3357302**	**5236736**	**2457979**	**831748**	**1039311**	**216726**	**276567**	**414406**	**707056**	**577285**
	其中：国家投资	**36819359**	**9956185**	**21209047**	**2893479**	**2308526**	**1207091**	**322899**	**385873**	**109547**	**138814**	**144302**	**416353**	**35769**

2011年各地区森林火灾情况

地　区	森林火灾次数（次）					火场总面积（公顷）	受害森林面积（公顷）			损失林木	
	合　计	一般火灾	较大火灾	重大火灾	特大火灾		合　计	其中 天然林	其中 人工林	成林蓄积（立方米）	幼林株数（万株）
全国合计	**5550**	**2993**	**2548**	**9**		**63416**	**26950**	**1696**	**23916**	**633601**	**6206**
北　京	3	3				2	2	1	1	23	
天　津	5	5				24	9		9		
河　北	108	94	13	1		2169	354	3	350	5032	2
山　西	40	18	18	4		6372	3397	108	3289	144584	5
内蒙古	57	21	36			1741	1089	452	189		1
辽　宁	54	40	14			577	155	1	154	1384	3
吉　林	58	47	11			240	55		18	3950	7
黑龙江	43	40	3			1741	58	41	17		
上　海											
江　苏	54	51	3			142	52		52	670	4
浙　江	433	83	350			4708	2090		1475	54184	172
安　徽	250	179	71			752	255	3	252	3748	27
福　建	407	18	387	2		9366	6503	180	6323	220191	4354
江　西	151	37	114			3828	1435	44	1391	12966	172
山　东	32	25	5	2		897	861		861	1452	80
河　南	622	398	224			2103	890		890	213	25
湖　北	510	379	131			3114	677	25	652	743	36
湖　南	873	407	466			5824	3605	265	3341	46505	300
广　东	239	76	163			3367	1476	68	1407	19099	575
广　西	350	171	179			5072	883	8	876	28762	76
海　南	42	27	15			140	118		118	40	1
重　庆	162	115	47			753	296	28	266	10241	15
四　川	309	245	64			3450	551	140	410	27002	34
贵　州	430	300	130			2626	910	90	820	22236	49
云　南	115	64	51			2429	694	13	538	22611	237
西　藏	3	3				10	1				
陕　西	125	92	33			988	265	97	150	3348	16
甘　肃	7	4	3			144	24	14	10	1412	2
青　海	7	4	3			114	88		24		1
宁　夏	2	1	1			10	9				3
新　疆	59	46	13			714	150	114	36	3205	11

2011年各地区森林病虫鼠害防治情况

单位：公顷

地 区	合计		森林病害		森林虫害		森林鼠害	
	发生面积	防治面积	发生面积	防治面积	发生面积	防治面积	发生面积	防治面积
全国合计	**11681424**	**7284974**	**1197227**	**792275**	**8459102**	**5465759**	**2025095**	**1026940**
北 京	38297	38096	2588	2588	35709	35508		
天 津	45055	45049	5970	5970	39085	39079		
河 北	557708	461006	40742	37545	504643	411997	12323	11464
山 西	242007	93146	3061	2179	192385	78381	46561	12586
内蒙古	1157556	432820	55763	24896	782781	289179	319012	118745
辽 宁	724334	654632	71364	57561	644526	589600	8444	7471
吉 林	244917	215851	17363	16414	196688	171296	30866	28141
黑龙江	425342	365554	47740	36891	180076	162046	197526	166617
上 海	5591	5474	817	816	4774	4658		
江 苏	81400	68611	11000	7611	70400	61000		
浙 江	66488	61847	16514	14849	49967	46991	7	7
安 徽	400865	330058	52746	43366	348119	286692		
福 建	196918	144656	12745	11362	184173	133294		
江 西	359877	129693	54004	12691	305873	117002		
山 东	612673	579370	117200	107052	495473	472318		
河 南	514435	455922	113139	99765	401296	356157		
湖 北	302310	199187	47748	18088	253280	180244	1282	855
湖 南	398002	186028	6901	1514	391101	184514		
广 东	339163	102164	17182	13308	321981	88856		
广 西	362520	74978	30869	2525	331651	72453		
海 南	9925	845	111	16	9814	829		
重 庆	278723	210547	20583	6761	188044	151240	70096	52546
四 川	698971	341546	89143	33816	576398	295917	33430	11813
贵 州	271803	119014	15877	4276	240688	113902	15238	836
云 南	311037	268246	46130	39521	260500	224467	4407	4258
西 藏	269334	159333	76000	60000	142667	77333	50667	22000
陕 西	416533	250009	18753	14712	281054	178699	116726	56598
甘 肃	298238	141203	65668	30935	135475	72314	97095	37954
青 海	293439	174375	31211	13037	114610	60566	147618	100772
宁 夏	286067	130691	3001	1835	110116	23061	172950	105795
新 疆	1342102	818388	83600	64872	626388	480393	632114	273123
大兴安岭	129794	26635	21694	5503	39367	5773	68733	15359

2011年各地区主要林产工业产品产量

地区	木材（万立方米）	竹材（万根）	锯材（万立方米）	人造板（万立方米）合计	其中 胶合板	其中 纤维板	其中 刨花板	松香（吨）	栲胶（吨）	紫胶（吨）
全国合计	**8145.92**	**153929**	**4460.25**	**20919.29**	**9869.63**	**5562.12**	**2559.39**	**1413041**	**9129**	**2966**
北京	10.29			20.40		20.40				
天津	9.88			3.50	0.10		3.40			
河北	71.34		180.80	1253.79	446.21	306.77	223.68		1350	
山西	5.36		6.49	58.13	0.11	18.97	14.23			
内蒙古	217.88		570.44	87.83	26.74	15.81	25.99		1251	
辽宁	197.57		236.41	271.21	80.15	92.70	36.54			
吉林	434.27		145.92	354.59	123.58	92.59	99.74			
黑龙江	336.79		307.89	278.36	123.54	41.35	83.33			
上海		2	1.64	24.15	7.75	16.40				
江苏	166.14	359	83.84	3639.02	2010.26	656.13	528.09			
浙江	176.26	18681	300.46	594.59	195.47	128.12	18.34	15757		
安徽	494.85	10111	227.85	896.74	425.27	252.57	35.31	4101		
福建	563.26	45360	169.11	846.28	299.78	176.67	204.81	81747		12
江西	290.28	7077	200.86	286.84	90.70	96.72	17.36	98798		
山东	347.98		554.20	6161.61	3502.78	1303.59	946.76			
河南	279.00	168	149.64	1473.07	600.90	429.30	69.40	2591		
湖北	292.15	2836	70.16	333.18	50.28	216.13	14.39	13832		
湖南	599.93	6998	271.46	518.76	202.21	86.48	42.85	28506	11	4
广东	735.51	12804	152.64	772.52	200.51	415.00	99.51	89546		587
广西	1525.92	28328	364.42	2078.47	1233.94	647.61	54.45	855732	6417	
海南	111.24	1384	24.57	28.80	11.70	8.40	8.69	3180		
重庆	28.63	170	22.93	39.55	15.39	17.79	0.43	750		
四川	239.91	3752	174.99	587.46	145.59	337.87	24.44	3190		43
贵州	194.08	584	73.04	65.05	42.20	6.72	0.09	5402		
云南	533.03	15022	136.06	138.51	31.20	83.75	7.07	209909		2320
西藏	97.48	30	8.75	0.18	0.18					
陕西	54.24	265	2.39	69.66	1.49	67.76	0.18		100	
甘肃	5.00		1.58	0.70	0.70					
青海	2.30									
宁夏	0.04									
新疆	40.53		6.05	11.48	0.38	11.00				
大兴安岭	84.79		15.63	24.85	0.51	15.52	0.31			

全国历年主要林产工业产品产量

年 份	木材（万立方米）	竹材（万根）	锯材（万立方米）	人造板（万立方米）				松香（吨）	栲胶（吨）	紫胶（吨）
				合 计	其 中					
					胶合板	纤维板	刨花板			
1981 年	4942.31	8656	1301.06	99.61	35.11	56.83	7.67	406214	40159	1095
1982 年	5041.25	10183	1360.85	116.67	39.41	66.99	10.27	400784	36000	1397
1983 年	5232.32	9601	1394.48	138.95	45.48	73.45	12.74	246916	34131	1045
1984 年	6384.81	9117	1508.59	151.38	48.97	73.59	16.48	307993	36523	1489
1985 年	6323.44	5641	1590.76	165.93	53.87	89.50	18.21	255736	36875	2102
1986 年	6502.42	7716	1505.20	189.44	61.08	102.70	21.03	293500	42059	1661
1987 年	6407.86	11855	1471.91	247.66	77.63	120.65	37.78	395692	50306	1909
1988 年	6217.60	26211	1468.40	289.88	82.69	148.41	48.31	376482	41862	1482
1989 年	5801.80	15238	1393.30	270.56	72.78	144.27	44.20	409463	26411	833
1990 年	5571.00	18714	1284.90	244.60	75.87	117.24	42.80	344003	20402	829
1991 年	5807.30	29173	1141.50	296.01	105.40	117.43	61.38	343300	19516	876
1992 年	6173.60	40430	1118.70	428.90	156.47	144.45	115.85	419503	26141	732
1993 年	6392.20	43356	1401.30	579.79	212.45	180.97	157.13	503681	26176	931
1994 年	6615.10	50430	1294.30	664.72	260.62	193.03	168.20	437269	18177	1001
1995 年	6766.90	44792	4183.80	1684.60	759.26	216.40	435.10	481264	19662	1393
1996 年	6710.27	42175	2442.40	1203.26	490.32	205.50	338.28	501221	23766	1450
1997 年	6394.79	44921	2012.40	1648.48	758.45	275.92	360.44	675758	19814	579
1998 年	5966.20	69253	1787.60	1056.33	446.52	219.51	266.30	416016	14081	255
1999 年	5236.80	53921	1585.94	1503.05	727.64	390.59	240.96	434528	10972	294
2000 年	4723.97	56183	634.44	2001.66	992.54	514.43	286.77	386760	7510	778
2001 年	4552.03	58146	763.83	2111.27	904.51	570.11	344.53	377793	9446	431
2002 年	4436.07	66811	851.61	2930.18	1135.21	767.42	369.31	395273	9132	561
2003 年	4758.87	96867	1126.87	4553.36	2102.35	1128.33	547.41	443306	11970	1078
2004 年	5197.33	109846	1532.54	5446.49	2098.62	1560.46	642.92	485863	12113	1117
2005 年	5560.31	115174	1790.29	6392.89	2514.97	2060.56	576.08	606594	7668	779
2006 年	6611.78	131176	2486.46	7428.56	2728.78	2466.60	843.26	915364	11750	3679
2007 年	6976.65	139761	2829.10	8838.58	3561.56	2729.85	829.07	1183556	15214	3746
2008 年	8108.34	126220	2840.95	9409.95	3540.86	2906.56	1142.23	1067293	9337	2899
2009 年	7068.29	135650	3229.77	11546.65	4451.24	3488.56	1431.00	1117030	11000	2755
2010 年	8089.62	143008	3722.63	15360.83	7139.66	4354.54	1264.20	1332798	10925	3804
2011 年	8145.92	153929	4460.25	20919.29	9869.63	5562.12	2559.39	1413041	9129	2966

注：自 2006 年起松香、栲胶、紫胶产品产量包括深加工产品。

2011年各地区林业投资完成情况

单位：万元

地　　区	总　计	其中：国家投资
全国合计	**26326068**	**11065990**
北　　京	953587	774033
天　　津	87612	80260
河　　北	546499	411553
山　　西	1040002	376034
内 蒙 古	1146495	925331
辽　　宁	1201371	666443
吉　　林	609980	365876
黑 龙 江	1867830	1226747
上　　海	79598	19397
江　　苏	953810	22839
浙　　江	650354	384881
安　　徽	401092	101195
福　　建	1670013	56529
江　　西	570750	277293
山　　东	1199874	244035
河　　南	974898	232296
湖　　北	406200	229690
湖　　南	609371	353217
广　　东	505088	181677
广　　西	5159485	492222
海　　南	77965	25146
重　　庆	424075	320175
四　　川	1433823	808450
贵　　州	381500	298853
云　　南	734802	363059
西　　藏	148938	147340
陕　　西	498242	374732
甘　　肃	608123	377627
青　　海	165341	155920
宁　　夏	188696	136172
新　　疆	463570	280289
局直属单位	567084	356679
大兴安岭	424215	246938

全国历年林业投资完成情况

单位：万元

年 份	林业投资完成总额	其中：国家投资
1981 年	140752	64928
1982 年	168725	70986
1983 年	164399	77364
1984 年	180111	85604
1985 年	183303	81277
1986 年	231994	83613
1987 年	247834	97348
1988 年	261413	91504
1989 年	237553	90604
1990 年	246131	107246
1991 年	272236	134816
1992 年	329800	138679
1993 年	409238	142025
1994 年	476997	141198
1995 年	563972	198678
1996 年	638626	200898
1997 年	741802	198908
1998 年	874648	374386
1999 年	1084077	594921
2000 年	1677712	1130715
2001 年	2095636	1551602
2002 年	3152374	2538071
2003 年	4072782	3137514
2004 年	4118669	3226063
2005 年	4593443	3528122
2006 年	4957918	3715114
2007 年	6457517	4486119
2008 年	9872422	5083432
2009 年	13513349	7104764
2010 年	15533217	7452396
2011 年	26326068	11065990

2002～2011年主要林产品进出口金额

单位：千美元

产品			2002年	2003年	2004年	2005年	2006年	2007年	2008年	2009年	2010年	2011年
总计		**出口**	**9579666**	**12235984**	**16300854**	**20574172**	**26377042**	**31930993**	**33488310**	**36316317**	**46316686**	**55033714**
		进口	**12897294**	**16641987**	**19939912**	**22102107**	**25798689**	**32360169**	**38439466**	**33902486**	**47506554**	**65299100**
原木	针叶原木	出口		57		91	94	17	21	274	51	38
		进口	997164	945157	1168493	1387979	1713618	2404879	2414186	2234430	3240796	4864608
	阔叶原木	出口	3174	2830	1959	1950	1275	1194	965	4306	10475	6730
		进口	1141095	1501992	1635825	1855561	2215648	2950955	2769073	1852088	2830298	3408524
	合计	出口	3174	2887	1959	2040	1368	1211	986	4580	10526	6768
		进口	2138260	2447149	2804318	3243540	3929266	5355834	5183259	4086518	6071094	8273132
锯材		出口	192332	236790	219843	281431	356490	392669	412265	346344	342001	360493
		进口	1167462	1198789	1387144	1516885	1697715	1774871	2039427	2327863	3878172	5721322
单板		出口	89297	110806	120710	128529	171508	200086	243925	172678	210865	273559
		进口	89383	95536	109913	121181	118163	135718	98504	63736	88064	118568
特形材		出口	122967	187866	278238	557133	731094	519003	448662	371345	433189	377244
		进口	16018	21359	15043	25099	27429	21636	19774	15547	19708	29668
刨花板		出口	21940	20022	21394	18396	25183	34758	45873	32712	41387	56411
		进口	104455	113224	123197	115461	101730	106352	91859	88913	114283	122232
纤维板		出口	20536	20662	125121	396067	635782	1085801	1094538	884401	1114253	1435693
		进口	302642	320892	272725	229268	195714	168916	140415	119570	124654	107114
胶合板		出口	427048	495433	1249941	1879039	2910501	3577941	3400530	2523949	3402140	4339929
		进口	258957	355124	384280	276681	197174	170383	167469	89042	116042	119681
木制品		出口	1864973	2299221	2934699	3139195	3791812	3828644	3522246	3324597	4114612	4536235
		进口	26834	35366	52953	49605	61572	70251	75033	84081	121953	156709
木家具		出口	2706327	3815513	5229343	6843165	8783827	10683050	11017339	12035202	16157214	17118709
		进口	38628	60661	72706	87217	117585	220383	311952	297671	387711	546457
木片		出口	90730	95223	102486	92893	64321	25249	9034	887	558	726
		进口	6184	31878	39929	122141	119140	158338	182490	353802	673817	1159600
木浆		出口	2373	2041	925	10728	16480	27487	6916	22351	11344	34119
		进口	2154478	2643336	3526709	3694780	4354322	5498741	6660933	6795615	8774104	11852421
废纸		出口	15	37	24	8	5	18	1	48	119	616
		进口	732240	1231243	1726999	2457178	2748047	4041970	5556926	3796054	5352897	6967452
纸和纸制品		出口	444050	599608	768335	1060777	1457284	1844016	2070567	6129326	7554688	10454553
		进口	4136723	4393027	4637510	4387339	4215202	4287379	4363240	3879784	4610590	5055272
木炭		出口	56191	63494	39067	22501	26111	20114	22979	26065	35748	39094
		进口	1283	2051	2809	6070	5922	9914	14663	17552	22952	44877
松香		出口	159505	139805	163850	254515	365260	274265	271944	181729	486750	593328
		进口	1901	3574	4392	4849	5815	6686	4739	6104	8830	8577
水果	柑橘属	出口	55673	75574	105020	143383	161510	257633	437373	592697	615797	726457
		进口	27969	47922	48433	44859	54642	54670	67312	74224	106072	148576
	鲜苹果	出口	149425	209773	274407	306313	372552	512645	698398	713518	831627	914326
		进口	22441	23708	29417	25428	25277	34674	45188	54108	75932	115830

（续）

产品			2002年	2003年	2004年	2005年	2006年	2007年	2008年	2009年	2010年	2011年
水果	鲜梨	出口	59415	79968	90665	122078	147713	161765	215087	220716	243263	285559
		进口	258	239	234	52	23	16	27	23	75	1043
	鲜葡萄	出口		5827	7382	9982	19234	32944	47437	85926	104943	162273
		进口		41608	67482	82385	69654	63180	95018	172077	189471	324280
	山竹果	出口			10	1	1				1	1
		进口			29764	39547	25217	62230	69565	144383	147018	145837
	鲜榴莲	出口			1						1	4
		进口			52501	47863	53929	71250	92850	124373	149562	234304
	鲜龙眼	出口			1131	1348	2160	2718	2770	857	711	2451
		进口			69286	73265	85219	98239	124192	157334	193182	314287
坚果	核桃	出口	21927	25842	31043	46112	56691	53887	60224	19849	24536	47654
		进口	1131	1081	2648	3767	6324	6218	12624	28502	48596	55204
	板栗	出口	47236	49989	58461	49803	57404	62244	62981	68208	73434	75865
		进口	9096	22454	21813	21993	20264	18304	18531	18108	22090	17893
	松子仁	出口	46420	51334	68896	76324	103081	81610	47675	142974	159277	153902
		进口	205	36	100	154	63	1091	6955	7875	5619	21990
	开心果	出口		3233	4800	6403	5488	5906	13098	5622	7334	10889
		进口		15295	17432	19252	14664	43178	76554	77461	203136	116623
干果	梅干及李干	出口	2332	1488	1568	1073	970	2136	1942	2311	3844	4943
		进口	2573	883	972	591	1071	1500	1783	2865	4942	8274
	龙眼干、肉	出口	1013	858	1041	883	1079	1018	1005	1249	1742	1674
		进口	14789	19544	28730	26933	32991	52849	53530	88737	64630	86455
	柿饼	出口	10838	12911	13210	16314	12105	15983	10630	9098	13896	11100
		进口	7		11	43	37	18				1
	红枣	出口	7939	9838	10942	11561	10717	10709	12187	17399	17447	22611
		进口	17	1	25	1	5	3	14	20	90	58
	葡萄干	出口		10831	18397	21762	30880	36329	47225	65311	69960	102067
		进口		9572	14666	15747	15695	17917	19686	18340	23010	34943
果汁	柑橘属果汁	出口	3657	3680	3347	3974	7402	10525	14424	14218	16064	19946
		进口	46090	65640	50443	62562	85830	122646	97790	106311	109036	172899
	苹果汁	出口	173066	254178	325345	458169	594846	1243994	1130079	655526	747088	1081240
		进口	372	348	1042	412	297	1224	4634	718	606	1087
其他		出口	2799266	3351253	4029252	4612272	5456183	6924636	8116983	7640042	9459801	11782556
		进口	1596900	3440447	4344283	5299957	7412689	9683594	7559270	6718656	9727522	23016281

注：1. 资料来源：海关总署信息中心。

2. 木浆中未包括从回收纸与纸板中提取的木浆。

3. 纸和纸制品中未包括回收纸和纸板及印刷品等。

4. 2002～2008年以造纸工业纸浆消耗价值中原生木浆价值的比例将从回收的纸与纸板中提取的纤维浆、回收纸与纸板出口额折算为木制林产品价值，2009～2011年按木纤维浆（原生木浆和废纸中的木浆）价值比例折算。各年的折算系数为：2002～2003年取0.21，2004～2006年取0.22，2007年取0.214，2008年取0.221，2009年取0.80，2010年为0.78，2011年为0.80。

5. 2002～2008年以造纸工业纸浆消耗价值中原生木浆价值的比例将纸和纸制品出口额折算为木制林产品价值，2009～2011年按木纤维浆（原生木浆和废纸中的木浆）价值比例折算。各年的折算系数为：2002～2003年取0.26，2004～2006年取0.27，2007年取0.26，2008年取0.26，2009年取0.81，2010年取0.79，2011年取0.81。

6. 印刷品、手稿、打字稿等的进（出）口额=进（出）口折算量×纸和纸制品的平均价格。

2002～2011 年主要林产品进出口数量

产品			单位	2002 年	2003 年	2004 年	2005 年	2006 年	2007 年	2008 年	2009 年	2010 年	2011 年
原木	针叶原木	出口	立方米		417		742	113	66	100	851	174	41
		进口	立方米	15782950	15019747	16003654	18270100	19717608	23270909	18577008	20302606	24274023	31465280
	阔叶原木	出口	立方米	10957	8980	6137	6185	4169	3655	2725	11885	28208	14339
		进口	立方米	8550093	10435720	10304868	11097886	12435326	13861696	10992626	7756655	10073466	10860568
	合计	出口	立方米	10957	9397	6137	6927	4282	3721	2825	12736	28382	14380
		进口	立方米	24333043	25455467	26308522	29367986	32152934	37132605	29569634	28059261	34347489	42325848
锯材		出口	立方米	448337	543013	489331	682072	829990	763544	717475	561106	539433	544194
		进口	立方米	5483706	5598051	6051670	6054178	6153148	6557793	7181828	9935167	14812175	21606705
单板		出口	立方米	93120	106626	110498	104091	143893	152746	146283	114327	158158	246914
		进口	立方米	286652	223395	154142	151800	134002	130215	91894	72327	109517	200231
特形材		出口	吨	99850	146197	221247	424922	518926	363790	310052	251560	302159	254144
		进口	吨	23384	22566	11962	13127	16523	13755	12333	7953	10513	13442
刨花板		出口	立方米	51183	67463	130751	95035	141658	179824	193171	124944	165527	86786
		进口	立方米	589686	623999	652594	633972	541102	524918	374137	446543	539368	547030
纤维板		出口	立方米	80338	63556	509945	1376697	1968316	3056768	2382562	2031141	2569456	3291031
		进口	立方米	1251646	1394223	1377045	1137113	924481	702512	504505	452979	400071	306210
胶合板		出口	立方米	1792423	2040470	4305484	5583972	8303695	8715903	7185060	5634800	7546940	9572461
		进口	立方米	636130	797810	799298	589120	413429	304098	293937	179178	213672	188371
木制品		出口	吨	1300712	1593213	1983984	2009708	2304919	2207534	1750049	1563994	1858712	1876915
		进口	吨	27195	31660	37844	39018	47047	52585	60187	39734	43652	55484
木家具		出口	件	117969289	142179765	175777874	211601212	248149710	280364654	242633034	247470421	298327198	289157492
		进口	件	571981	876469	851909	863112	1290094	2468740	3147981	3298999	4361353	5497244
木片		出口	吨	1559915	1137770	1094162	880655	596242	214540	73014	7247	5342	5094
		进口	吨	52271	279741	302680	871274	895437	1139607	1056387	2766012	4631704	6565328
木浆		出口	吨	4639	3763	1504	20456	32007	50781	10628	35045	14433	31520
		进口	吨	5232622	5988591	7214995	7520149	7881293	8383914	9460349	13578483	11299952	14354611
废纸		出口	吨	143	228	163	30	24	108	4	220	621	2853
		进口	吨	6872609	9381794	12306851	17036170	19623353	22562110	24205826	27501707	24352214	27279353
纸和纸制品		出口	吨	364822	502386	576634	790907	1145650	1457278	1356450	4802753	5157993	5997827
		进口	吨	6606778	6626430	6376108	5465318	4604689	4208691	3735959	3495948	3536533	3477712
木炭		出口	吨	103759	106615	68141	37497	46652	42643	50976	54922	63398	67463
		进口	吨	21839	26654	31066	43013	39406	75003	136266	156678	175518	188697
松香		出口	吨	356308	301173	342888	347455	367148	329214	276517	193291	249801	231148
		进口	吨	1136	1924	2152	2345	2872	3122	1076	2927	3589	2659
水果	柑橘属	出口	吨	216847	292034	361385	465623	435127	564471	862105	1113002	933089	901557
		进口	吨	58195	76637	66889	61530	78931	74421	79946	91652	105275	131739
	鲜苹果	出口	吨	438738	609052	774131	824050	804226	1019840	1153326	1174191	1122953	1034635
		进口	吨	56014	41524	37281	33204	31075	36396	42395	54116	66882	77085
	鲜梨	出口	吨	243438	296962	318218	368298	375298	405189	446656	463159	437804	402778
		进口	吨	746	689	500	81	16	14	9	13	13	527

（续）

产品			单位	2002 年	2003 年	2004 年	2005 年	2006 年	2007 年	2008 年	2009 年	2010 年	2011 年
水果	鲜葡萄	出口	吨		13433	17800	21257	34293	55790	63303	100225	89359	106477
		进口	吨		53412	58887	57490	46021	42775	51613	89775	81744	122909
	山竹果	出口	吨			2	3	1				1	4
		进口	吨			30811	35200	17161	40404	41084	91719	90918	83573
	鲜榴莲	出口	吨			1						4	11
		进口	吨			85500	75371	85220	105667	138929	196147	172205	210938
	鲜龙眼	出口	吨			1547	3251	3150	3560	2221	945	1177	1704
		进口	吨			109418	143375	168482	174625	196451	256037	291336	338846
坚果	核桃	出口	吨	18614	22411	25805	32267	33617	28081	26179	10582	12086	17952
		进口	吨	1270	1468	2687	3717	6290	7813	9033	21102	25918	22837
	板栗	出口	吨	29660	32369	37581	37065	43379	45409	40920	46640	37002	37767
		进口	吨	5755	9902	13503	13763	13343	11151	11890	10820	11983	9197
	松子仁	出口	吨	7015	6080	9542	11655	9948	7882	4178	7862	7027	9633
		进口	吨	216	33	70	27	8	196	882	935	503	2481
	开心果	出口	吨		2177	3572	4992	3931	3953	7691	2469	3382	5178
		进口	吨		11435	9473	11965	9129	19290	29605	21545	52781	24952
干果	梅干及李干	出口	吨	3561	2041	1697	663	484	736	475	551	954	1157
		进口	吨	3834	785	1010	503	1095	1372	1552	3034	5635	9065
	龙眼干、肉	出口	吨	347	292	311	250	287	254	222	232	283	264
		进口	吨	35582	38361	55461	44385	58895	80996	76117	133616	62036	77370
	柿饼	出口	吨	8809	11535	11067	11603	7122	8546	5660	5001	6505	4657
		进口	吨	3		21	59	123	7				
	红枣	出口	吨	12277	17483	15796	13080	9539	9496	7884	8668	7686	6873
		进口	吨	45	1	26	1	1		17	5	51	37
	葡萄干	出口	吨		7778	12122	13392	23392	25680	30620	41345	39850	47959
		进口	吨		7931	10772	11274	11109	12338	12570	11743	13855	20624
果汁	柑橘属果汁	出口	吨	3716	4214	3266	3848	8984	11941	16895	20220	22563	20541
		进口	吨	37956	53057	48255	60814	64454	65324	47566	65108	71364	78156
	苹果汁	出口	吨	296568	418235	487139	648463	673047	1042326	692574	799505	788409	613912
		进口	吨	570	478	1344	461	348	1028	2270	467	464	819

注：1. 资料来源：海关总署信息中心。

2. 表中数据体积与重量按刨花板 650 千克 / 立方米，单板 750 千克 / 立方米的标准换算；2002 ～ 2003 年按纤维板 700 千克 / 立方米折算，2004 ～ 2006 年纤维板分别按硬质纤维板 950 千克 / 立方米、中密度纤维板 650 千克 / 立方米、绝缘板 250 千克 / 立方米的标准折算；2007 ～ 2011 年纤维板折算标准：密度 >800 千克 / 立方米的取 950 千克 / 立方米、500 千克 / 立方米 < 密度 <800 千克 / 立方米的取 650 千克 / 立方米、350 千克 / 立方米 < 密度 <500 千克 / 立方米的取 425 千克 / 立方米、密度 <350 千克 / 立方米的取 250 千克 / 立方米。

3. 木浆中未包括从回收纸和纸板中提取的木浆。

4. 纸和纸制品中未包括回收的废纸和纸板、印刷品、手稿等。

5. 2002 ～ 2008 年废纸、纸和纸制品出口量按纸和纸产品中的原生木浆比例折算，2009 ～ 2011 年按木纤维浆（原生木浆和废纸中的木浆）比例折算，纸和纸制品出口量按纸和纸产品中木浆比例折算，出口量的折算系数：2002 ～ 2003 年为 0.21，2004 ～ 2006 年为 0.22，2007 年为 0.214，2008 年为 0.221，2009 年为 0.80，2010 年为 0.78，2011 年为 0.80。

6. 核桃进（出）口量包括未去壳核桃和核桃仁的折算量，其中核桃仁的折算量是以 40% 的出仁率将核桃仁数量折算为未去壳的核桃数量。

7. 柑橘属水果中包括橙、葡萄柚、柚、蕉柑、其他柑橘、柠檬酸橙、其他柑橘属水果。

注　释

1. 文中林产品进出口部分，将林产品分为木质林产品和非木质林产品。木质林产品划分为8类：原木、锯材（包括特形材）、人造板及单板（包括单板、胶合板、刨花板、纤维板和强化木）、木制品、纸类（包括木浆、纸及纸板、纸或纸板制品、废纸及废纸浆、印刷品等）、木家具、木片、其他（薪材、木炭等）；非木质林产品划分为7类：苗木类，菌、竹笋、山野菜类，果类，茶、咖啡类，调料、药材、补品类，林化产品类，竹藤、软木类（含竹藤家具）。

2. 关于造林面积统计，根据造林技术规程（GB/T 15776-2006），自2006年起将无林地和疏林地新封山育林面积计入造林总面积。1985年以前（含1985年），按造林成活率40%以上统计，1986年以后按成活率85%统计。

3. 附表中所有统计资料和数据均未包括香港、澳门特别行政区和台湾省。

4. 附表中符号使用说明："空格"表示该项统计指标数据不足本表最小单位数、不详或无该项数据。

后　记

《2012 中国林业发展报告》是集体劳动的成果。在国家林业局领导的直接领导下，局发展规划与资金管理司和经济发展研究中心负责组织和编写，各司局、有关直属单位、北京林业大学、中国人民大学参加了这项工作。

本报告在编写过程中，得到了国家统计局、海关总署、中国造纸协会等单位的大力支持，他们为之提供了有关资料，在此表示感谢。

我们诚恳希望广大读者关心林业发展并能提供宝贵的建设性意见。我们的联系方式是：

地址：北京市东城区和平里东街 18 号

国家林业局发展规划与资金管理司

国家林业局经济发展研究中心

电话：010-84238489，84239170

E-mail:tongjichu@forestry.gov.cn

编　者

2012 年 9 月

图书在版编目 (CIP) 数据

2012 中国林业发展报告 / 国家林业局编著 . -- 北京 : 中国林业出版社 , 2012.10
ISBN 978-7-5038-6780-4
Ⅰ. ① 2… Ⅱ. ①国… Ⅲ. ①林业经济－经济发展－研究报告－中国－ 2012 Ⅳ. ① F326.23

中国版本图书馆 CIP 数据核字 (2012) 第 234433 号

责任编辑：刘家玲　张　锴

出版：中国林业出版社（100009 北京西城区刘海胡同 7 号）
E-mail:wildlife_cfph@163.com 电话：83225836
发行：中国林业出版社
制作：北京美光设计制版有限公司
印刷：北京佳信达欣艺术印刷有限公司
版次：2012 年 10 月第 1 版
印次：2012 年 10 月第 1 次
开本：889mm × 1194mm 1/16
印张：11.5
字数：238 千字
定价：88.00 元